essentials

Springer Essentials sind innovative Bücher, die das Wissen von Springer DE in kompaktester Form anhand kleiner, komprimierter Wissensbausteine zur Darstellung bringen. Damit sind sie besonders für die Nutzung auf modernen Tablet-PCs und eBook-Readern geeignet. In der Reihe erscheinen sowohl Originalarbeiten wie auch aktualisierte und hinsichtlich der Textmenge genauestens konzentrierte Bearbeitungen von Texten, die in maßgeblichen, allerdings auch wesentlich umfangreicheren Werken des Springer Verlags an anderer Stelle erscheinen. Die Leser bekommen „self-contained knowledge" in destillierter Form: Die Essenz dessen, worauf es als „State-of-the-Art" in der Praxis und/oder aktueller Fachdiskussion ankommt.

Christian Offenhammer

Audit Committee Essentials

Theoretische und regulatorische
Grundlagen zur Einrichtung
und Ausgestaltung

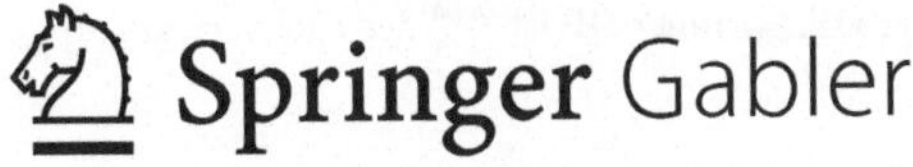

Dr. Christian Offenhammer
Universität St. Gallen
Schweiz

ISSN 2197-6708
ISBN 978-3-658-04641-5
DOI 10.1007/978-3-658-04642-2

ISSN 2197-6716 (electronic)
ISBN 978-3-658-04642-2 (eBook)

Die Deutsche Nationalbibliothek verzeichnet diese Publikation in der Deutschen Natio-
nalbibliografie; detaillierte bibliografische Daten sind im Internet über http://dnb.d-nb.de
abrufbar.

Vorwort

Der vorliegende Beitrag beschreibt die definitorischen und regulatorischen Grundlagen des Audit Committees als Ausschuss des Organs der Oberleitung, Aufsicht und Kontrolle einer Schweizer Aktiengesellschaft. Es basiert auf den Ausführungen und Erkenntnissen des zugrundeliegenden Buchs „Effektivitätsorientierte Ausgestaltung von Audit Committees – Eine Analyse der Zusammensetzung, Aufgaben, Ressourcen und Sorgfalt des Verwaltungsrats", welches bei Springer Gabler Research im Jahr 2012 erschienen ist.

Dort werden die Anforderungen an die Einrichtung und Ausgestaltung des Audit Committees im Rahmen einer effektiven Corporate Governance untersucht. Die empirische Analyse börsenkotierter und nicht-börsenkotierter Unternehmen in der Schweiz wird in vier Dimensionen vollzogen: Zusammensetzung, Aufgaben und Verantwortlichkeiten, Ressourcen und Sorgfalt des Audit Committees. Für die jeweils wichtigsten Merkmale werden die regulatorischen Vorgaben der in der Schweiz gültigen Regelwerke appliziert, empirische Erkenntnisse dazu strukturiert und einer kritischen Würdigung unterzogen. Basierend auf theoretischen Überlegungen und der umfangreichen Literaturrecherche wird ein positiver Zusammenhang zwischen der Ausgestaltung des Audit Committees und der Effektivität der Corporate Governance vermutet. Die Effektivität wird in den vier Leistungsdimensionen ökonomische Leistung, Überwachung der externen Revision, Überwachung der internen Steuerung und Kontrolle und Überwachung der Qualität der Finanzberichterstattung gegliedert. Die empirische Untersuchung wird mittels eines standardisierten Fragebogens vollzogen, welcher um kapitalmarktorientierte Daten der Leistungsbemessung des Audit Committees ergänzt wird. Die Ergebnisse werden nach der Börsenkotierung, der Unternehmensgrösse und der Branchenzugehörigkeit differenziert betrachtet. Aus der deskriptiven Analyse,

einer Korrelations-, Ranking- und Faktorenanalyse sowie uni- und multivaria-
ten Regressionsanalysen werden Implikationen für den gesetzlich-regulatorischen
Rahmen sowie für die unternehmerische Praxis hinsichtlich der Ausgestaltung von
Audit Committees abgeleitet.

Zürich, im Januar 2014   Dr. Christian Offenhammer

Inhaltsverzeichnis

Problemstellung

1

Das Audit Committee stellt das wichtigste Instrument der Oberleitung, Aufsicht und Kontrolle eines Unternehmens dar. Es sieht sich in dieser Rolle sowohl hohen regulatorischen Anforderungen gegenüber, als auch einer gestiegenen Erwartungshaltung der Stakeholder bezüglich der Professionalität der Mandatsausübung. Die Sicherstellung einer effektiven Überwachung stellt eine herausfordernde Aufgabe für Audit Committee-Mitglieder – insbesondere in grossen, komplexen Organisationen – dar und gewinnt in volatilen Zeiten von Finanz- und Wirtschaftskrisen weiter an Bedeutung. Um diesen Anforderungen gerecht zu werden, ist eine gezielte Ausgestaltung des Audit Committees im Rahmen einer effektiven Corporate Governance unabdingbar.

Der vorliegende Beitrag beschreibt die definitorischen und regulatorischen Grundlagen des Audit Committees als Ausschuss des Organs der Oberleitung, Aufsicht und Kontrolle einer Schweizer Aktiengesellschaft. Ausgehend von der weltweiten Konvergenz der Führungs- und Kontrollsysteme (One Tier vs. Two Tier) werden die Corporate Governance-Kodizes als massgebliche Treiber der Einrichtung und Ausgestaltung von Audit Committees identifiziert. Zur Minimierung der aus der Trennung von Eigentum und Kontrolle eines Unternehmens entstehenden Probleme werden die theoretischen Erklärungsmodelle der Prinzipal-Agenten-Theorie und der Stewardship-Theorie abgewogen und kontrastiert. Um die weltweite Verbreitung von Audit Committees nachvollziehen zu können, werden die Meilensteine zur Einrichtung von Audit Committees weltweit chronologisch vorgestellt und anschliessend die in der Schweiz massgeblichen gesetzlichen und regulatorischen Regelwerke (Obligationenrecht, Swiss Code of Best Practice for Corporate Governance, Rundschreiben der Eidgenössischen Bankenkommission und die Richtlinie zur Corporate Governance der Börse) identifiziert und deren Anforderungen an die Ausgestaltung eines Audit Committees vorgestellt.

C. Offenhammer, *Audit Committee Essentials*, essentials,
DOI 10.1007/978-3-658-04642-2_1, © Springer Fachmedien Wiesbaden 2014

Theoretische und regulatorische Grundlagen von Audit Committees

2

2.1 Begriff und Entstehung von Audit Committees

Grundlegend für eine korrekte Abgrenzung des zu analysierenden Forschungsgebietes ist zunächst eine klärende Begriffsbestimmung. Aufgrund des Forschungsfokus dieser Arbeit auf die Schweiz und des starken Einflusses nationaler gesetzlicher und regulatorischer Regelwerke soll die Definition der Eidgenössischen Bankenkommission (EBK, seit Januar 2009 in die Eidgenössische Finanzmarktaufsicht FINMA überführt) zu Grunde gelegt werden. Diese definiert das Audit Committee als einen „Ausschuss des Organs der Oberleitung, Aufsicht und Kontrolle (unabhängiger Fachausschuss des Verwaltungsrates), der sich schwergewichtig mit der Methodik und Qualität der Externen Revision, der Qualität der finanziellen Berichterstattung sowie mit dem Zusammenwirken der Internen und Externen Revision und deren Unabhängigkeit befasst. Das „Audit Committee" des Organs für die Oberleitung, Aufsicht und Kontrolle ist der primäre Ansprechpartner der Prüfgesellschaft und entlastet das Organ der Oberleitung, Aufsicht und Kontrolle nicht von seiner Verantwortung für Aufsicht und Kontrolle, sondern unterstützt es bei der Wahrnehmung seiner Aufgaben."[1]

Die Bezeichnung stammt ursprünglich aus dem Amerika der dreissiger Jahre, wenngleich massgebliche Elemente des heutigen Verständnisses eines Audit Committees erst in den siebziger Jahren diskutiert wurden.[2] Auf Empfehlung der United States Securities and Exchange Commission (SEC) und der New York Stock Exchange (NYSE) zur Einrichtung eines neutralen, selbstregulierenden Gremiums zur Minderung asymmetrischer Informationsverteilung bei börsenkotierten Gesellschaften verbreiteten sich die Audit Committees zunächst vor

---

[1] Eidgenössische Bankenkommission (2004), S. 1.

[2] Vgl. Böckli (2003), S. 559; Scheffler (2003), S. 236; Böckli (2005), Rn. 1; Huwer (2008), S. 38.

C. Offenhammer, *Audit Committee Essentials*, essentials,
DOI 10.1007/978-3-658-04642-2_2, © Springer Fachmedien Wiesbaden 2014

allem in Nordamerika, bis in den neunziger Jahren auch in Europa die Bildung eines solchen Ausschusses durch veränderte Börsenzulassungsvoraussetzungen beschleunigt wurde.[3] Den entscheidenden Anstoss zur vermehrten Einführung eines solchen Gremiums gaben jedoch die verschiedenen nationalen Corporate Governance-Kodizes, deren Erlass massgeblich durch den im Jahre 2002 aufgrund weitreichender Bilanzskandale verabschiedeten Sarbanes-Oxley Act initiiert wurde. So ist in der zeitlichen Entwicklung der Einführung von Audit Committees bei kapitalmarktorientierten Unternehmen ein deutlicher Anstieg in den nachfolgenden Jahren festzustellen. Beispielsweise war in Deutschland, wo im Jahr 2000 nur 25 % der DAX30-Unternehmen ein Audit Committee eingerichtet hatten, ein Anstieg auf immerhin schon 40 % im Jahr 2003 und auf volle 100 % in den letzten Jahren zu verzeichnen.[4] Eine ähnliche zeitliche Entwicklung der Einführung von Audit Committees ist in den meisten europäischen Ländern festzustellen, so auch in der Schweiz.

2.2 Das Audit Committee als Element der Corporate Governance

2.2.1 Corporate Governance als Bezugsrahmen

Zum besseren Verständnis der Funktion und Aufgaben von Audit Committees ist eine korrekte Einordnung in den theoretischen institutionellen Bezugsrahmen[5] der Corporate Governance von Nöten.

Die Bezeichnung Corporate Governance umfasst die grundlegenden Strukturen, Organe und Prozesse mit denen die Führung und Überwachung von Unternehmen sichergestellt werden soll. Die Notwendigkeit von Corporate Governance entsteht durch die Trennung von Management und Eigentum (Separation of Management

---

[3]Im Mai 1992 forderte der sog. Cadbury-Report für Grossbritannien als erstes europäisches Land die Einrichtung eines Audit Committees für alle börsenkotierten Unternehmen. Vgl. Cadbury-Report (1992).

[4]Vgl. Velte (2009), S. 131.

[5]Unter einem Bezugsrahmen versteht Wolf (2005) ein forschungsleitendes Ordnungsgerüst, das „der Systematisierung, Ordnung und geistigen Durchdringung der den jeweiligen Untersuchungsbereich charakterisierenden Ursachen, Gestaltungen und Wirkungen, aber auch der Erleichterung der Kommunikation der Forschungsbemühungen und -ergebnisse" dient. Wolf (2005), S. 30.

and Ownership)[6] und den daraus resultierenden Problemen, in dem Sinne, dass Eigentümer aufgrund der Grösse und Komplexität einer Unternehmung nicht mehr die Führung und Überwachung ihres Unternehmens selbst übernehmen können, sondern diese an beauftragte Angestellte delegieren. Zusammengefasst lässt sich sagen: „Corporate governance deals with the ways in which suppliers of finance to corporations assure themselves of getting a return on their investment."[7]

Im Hinblick auf die erstrebte Angleichung der Interessen des Managements an die der Aktionäre identifizieren Wang und Chen vier unternehmensinterne Corporate Governance-Mechanismen: Explizite Verträge, implizite Verträge, Reputation und Vertrauen. Sobald eine Lücke in diesen Mechanismen beobachtet wird und diese Lücke nicht anderweitig kompensiert werden kann, scheitert das ganze Corporate Governance-System.[8] Aufgrund dieser Abhängigkeit des Gesamtsystems vom Funktionieren aller einzelnen Systemteile, ist es wichtig, die Determinanten erfolgreicher und guter Corporate Governance zu bestimmen.[9]

Innerhalb des Unternehmens wird die Überwachungsfunktion repräsentativ für die Aktionäre von dem obersten Führungsgremium (Verwaltungsrat) übernommen.[10] Dieser beauftragt dann insbesondere das Audit Committee und die interne Steuerung und Kontrolle mit der Sicherstellung einer effektiven Corporate Governance.

2.2.2   Corporate Governance-Systeme

Wie bereits angesprochen tragen alle Regelungen der Corporate Governance gemeinsam zur unternehmerischen Überwachung bei, sie funktionieren also als

---

[6]Vgl. Berle und Means (1930), S. 65.

[7]Shleifer und Vishny (1997), S. 737.

[8]Zudem existiert ein gemeinsamer Faktor in allen vier Mechanismen, der Informationsaustausch innerhalb des Corporate Governance-Systems. Vgl. Wang und Cheng (2004), S. 708; Lazarides und Drimpetas (2008), S. 74.

[9]Sog. Corporate Governance-Ratings aggregieren daher Einzelinformationen und stellen einen empirisch nachweisbaren Zusammenhang mit Erfolgsindikatoren der Unternehmensführung her. Vgl. Khanchel (2007), S. 740, der vier Determinanten-Gruppen guter Corporate Governance empirisch nachweist. Dieses Corporate Governance-Rating basiert auf den Governance-Indizes Board of Directors, Board Committees, Audit Committee und ein totaler Index. Die separate Hervorhebung des Audit Committees als eigene Erfolgsdeterminante unterstreicht zudem die Relevanz dieses Gremiums für das gesamthafte Wirken der unternehmerischen Überwachung.

[10]Vgl. Carver (2007), S. 1031.

ein gesamthaftes Corporate Governance-System. Diese Corporate Governance-Systeme entwickeln sich abhängig von verschiedenen Umgebungsdeterminanten wie dem Rechtssystem, den vorherrschenden Finanzierungsstrukturen und kulturellen Variablen.[11] Die vorherrschenden Corporate Governance-Systeme werden somit weltweit recht unterschiedlich ausgestaltet, gelten aber als gleichsam erfolgreich.[12] So erkennt auch die EU verschiedene Formen a priori als ebenbürtig an und überlässt die Auswahl der konkreten Ausgestaltungsform den Unternehmen.[13]

Der grundlegende Unterschied zwischen den verbreiteten Formen besteht vornehmlich in der Ausgestaltung der Leitungs- und Kontrollfunktion, insbesondere der Board-Struktur. Aus theoretischer Sicht bieten sich hier zwei Ausgestaltungsmöglichkeiten an: Das aus den USA stammende One Tier-Boardmodell und das vor allem in Kontinentaleuropa[14] verbreitete Two Tier-Boardmodell.

Im One Tier-Boardmodell erfolgt die Leitung und Kontrolle des Unternehmens in einem einzigen Organ, dem Board of Directors oder Verwaltungsrat, ist also nicht institutionell getrennt. Das One Tier-Board ist in verschiedene themenspezifische Gruppen und Ausschüsse (z. B. Audit Committee, Nomination Committee und Compensation Committee) unterteilt, die je nach Bedarf zusammentreffen.

Das Two Tier-Boardmodell hingegen zeichnet sich durch eine dualistische Trennung der Aufgaben der Leitung (Vorstand) und der Kontrolle (Aufsichtsrat) aus. Wesentliches Merkmal ist die Unabhängigkeit beider Organe voneinander. Dem Vorstand obliegt die eigenverantwortliche Geschäftsführung, während der Aufsichtsrat den Vorstand bestellt und die Tätigkeiten der Geschäftsführung überwacht. Weitere Kontrolle wird durch die Instanzen Anteilseigner (Hauptversammlung) und Abschlussprüfung ausgeübt. Im dualistischen Modell ist der Einfluss im Vorstand bzw. Aufsichtsrat prinzipiell gleich verteilt, d. h. es gibt

---

[11]Vgl. Mintz (2005), S. 583; Weiterführend La Porta et al. (1997). Die kulturellen Variablen Individualism versus Collectivism; Large versus Small Power Distance; Strong versus Weak Uncertainty Avoidance und Masculinity versus Femininity können den Werken von Hofstede entnommen werden. Vgl. Hofstede (1984).

[12]Vgl. Shleifer und Vishny (1997), S. 737.

[13]So besteht ein explizites Wahlrecht für kapitalmarktorientierte Unternehmen zur Implementierung der Führungs- und Kontrollstrukturen im Rahmen der Rechtsform der Europäischen Aktiengesellschaft (Societas Europaea, SE). Vgl. EU-Kommission (2001), S. 1–21.

[14]Klassischerweise in Deutschland mit Vorstand und Aufsichtsrat, allerdings besteht bspw. auch in Frankreich die Möglichkeit für Unternehmen, das oberste Führungs- und Überwachungsorgan getrennt als „Directoire" und „Conseil de Surveillance" auszugestalten. Vgl. Witt (2006); Millet-Reyes und Zhao (2010).

keine dominanten Untergruppen.[15] Nur in einer Pattsituation hat der Aufsichtsratsvorsitzende ein stärkeres Stimmgewicht (sog. Doppelstimmrecht bei Abstimmungsparität).[16]

Allerdings findet in den letzten Jahren aufgrund verschiedener Faktoren eine Konvergenz der beiden Systeme statt. Nicht zuletzt durch den Einfluss global agierender Fonds und internationaler Investorengruppen[17], welche auf eine Angleichung von Transparenz- und Publikationsansprüchen drängen, und eine verbesserte Komparabilitätsmöglichkeit mit Unternehmen anderer Rechtsräume suchen, entwickeln sich die beiden Systeme aufeinander zu. Diese Entwicklung vollzieht sich in zwei Richtungen:[18]

- Annäherung des One Tier-Boardmodells an das Two Tier-Boardmodell:
  - Forderungen nach unternehmensunabhängigen Direktoren (Non-Executive, Outside Directors)
  - Trennung von Vorstandsvorsitzendem (Chief Executive Officer, CEO) und Boardvorsitzendem (Chairman)
  - Unabhängigkeit der Outside-Direktoren durch separate Treffen und eigene Geschäftsordnung
- Annäherung des Two Tier-Boardmodells an das One Tier-Boardmodell:
  - Einbeziehung des Aufsichtsrates in die Entscheidungsfindung durch ständige Informationsversorgung
  - Einrichtung von diversen Ausschüssen (v. a. ein Audit Committe)

Eine vollständige weltweite Konvergenz von Corporate Governance-Systemen ist hingegen unwahrscheinlich und erscheint in ihrer Gesamtheit ebenso nicht erstrebenswert.[19] Die zugrundeliegenden rechtlichen, Finanzierungs- und kulturellen Variablen verhindern eine global einheitliche Ausgestaltung, nichtsdestotrotz können erwiesenermassen erfolgreiche Einzelelemente in andere Cor-

---

[15]Vgl. Jackson und Moerke (2005), S. 359.

[16]Vgl. z. B. für Deutschland § 29 II MitbestG.

[17]Z. B. CalPers (California Public Employees' Retirement System) als grösster öffentlicher Pensionsfonds der USA, der als „One of America's most powerful shareholder bodies" (Griffith 2004) wahrgenommen wird oder der Total Return Fonds von Pacific Investment Management Company (Pimco), als grösster Publikumsfonds der Welt mit einem Anlagevolumen von über 200 Mrd. $.

[18]Vgl. Lattemann (2010), S. 21.

[19]Vgl. Mintz (2005), S. 595.

porate Governance-Systeme importiert und unter Berücksichtigung nationaler Gegebenheiten in das vorherrschende Modell sinnvoll implementiert werden.

Diese Hinterfragung der Transferfähigkeit von Strukturen ist nicht nur im Hinblick auf die Ausgestaltung der Corporate Governance im Allgemeinen, sondern auch auf die Einrichtung eines Audit Committees im Besonderen relevant. Da das Audit Committee ursprünglich ein Element im institutionellen Rahmen eines anderen Rechtsraumes, nämlich der USA, darstellt, ist ex-ante nicht klar, ob und wie ein solches Gremium unter einem zum Teil grundlegend unterschiedlichen europäischen Verständnis von unternehmerischer Überwachung funktioniert. Diesen Unterschieden zum Trotz ist das Audit Committee inzwischen ein Element in allen Corporate Governance-Systemen weltweit, wenn auch Arbeitsweisen, Anforderungen und Aufgabenzuweisungen in Abhängigkeit der konkreten Ausgestaltung der Boardstruktur und weiterer Faktoren unterschiedlich sind.[20]

So variiert das Kompetenzprofil, welches in den jeweiligen nationalen Corporate Governance-Kodizes gefordert wird, nach fundamentalen Rechtsgebräuchen (Common Law vs. Code Law), nach regionaler Herkunft (EU vs. Nicht-EU) und eben nach dem Führungs- und Kontrollmodell im Unternehmen (One Tier vs. Two Tier). Empirisch zeigt sich, dass Audit Committee-Mitglieder in der jeweils erst genannten Kategorie c.p. höhere Anforderungen erfüllen müssen als Audit Committee-Mitglieder in der zweit genannten Kategorie.[21]

Weiterhin zeigt sich empirisch, dass die Unabhängigkeit der Audit Committee-Mitglieder besonders im One Tier-Board wichtig ist, Finanzexpertise hingegen besonders im Two Tier-Board.[22] So sehen die Pläne der EU Kommission eine Gleichwertigkeit der Unabhängigkeit und Finanzexpertise im Audit Committee vor. „Ursächlich hierfür ist, dass in den EU-Mitgliedstaaten sowohl das One Tier- als auch das Two Tier-System vertreten sind und eine systemübergreifende Anwendung diese Gleichsetzung erfordert. Dieser Kompromisscharakter der Richtlinie

---

[20]Vgl. zur Gegenüberstellung bspw. Velte (2009). Im Regelfall werden drei verschiedene charakteristische Überwachungs- und Leitungsmodelle unterschieden: Das monistische Modell in den USA, das Keiretsu-Modell in Japan und das dualistische Trennungs- und Mitbestimmungsmodell in Deutschland. Vgl. Dennery et al. (2010), S. 6; Chizema und Shinozawa (2011), S. 1. Siehe auch Kap. 2.3.

[21]Vgl. Zattoni und Cuomo (2010), S. 73. Dies ist vor allem auf die unterschiedliche Rolle des Audit Committees in Two Tier-Systemen zurückzuführen, da dort oftmals eine andere Art von interner und externer Kontrolle stattfindet. So ist die Übertragbarkeit der Ergebnisse der US-amerikanischen Corporate Governance-Forschung auf das Two Tier-System durch die „abweichende Stärke hinsichtlich der Disziplinierung durch den Kapitalmarkt begrenzt." Velte (2009), S. 123.

[22]Siehe hierzu Rüdisser und Mauer (2011), S. 718.

verschleiert, dass die Dominanz des Unabhängigkeitspostulats eher im One Tier-System und die Betonung der Finanzexpertise eher im Two Tier-System infolge der Leitungsferne des Prüfungsausschusses notwendig sind."[23] Auch ist eine Konkretisierung der Unabhängigkeits- sowie der Finanzexpertise-Anforderungen durch den Gesetzgeber eher im One Tier-System gegeben.[24]

2.2.3 Die interne Steuerung und Kontrolle eines Unternehmens

Das Audit Committee ist massgeblich für die Überwachung der internen Steuerung und Kontrolle verantwortlich. Um ein differenziertes Verständnis der Ausgestaltung der unternehmerischen Steuerung und Kontrolle erzielen zu können, ist eine grundlegende Abgrenzung und eine klärende Begriffsbestimmung ihrer Hauptelemente von Nöten. Dabei ist zu berücksichtigen, dass durch die blosse Übersetzung englischer Begriffe oftmals Inhalte nicht adäquat sprachlich abgebildet werden und wesentliche Elemente verloren gehen können. So umfasst der englische Ausdruck des Control nicht ausschliesslich die nachgelagerten, aufdeckenden Kontrolltätigkeiten, sondern stellt gleichsam auf die lenkenden, präventiven Steuerungsaktivitäten ab.[25] Daher werden im Folgenden die wichtigsten Begriffe der internen Steuerung und Kontrolle anhand des „Three Lines of Defence"-Modells näher erläutert (Abb. 2.1).[26]

In der ersten Verteidigungslinie wird festgehalten, dass das operative Management die organisatorische und disziplinarische Verantwortung und Rechenschaftspflicht über den Umgang mit Risiken innehat. Dies beinhaltet die Bewertung, Steuerung und Minimierung von Risiken im Unternehmen und wird massgeblich durch die prozessualen Massnahmen des internen Kontrollsystems vollzogen. Das interne Kontrollsystem kann mit engem und breitem Fokus sowie im engeren und weiteren Sinne ausgestaltet werden.[27] Unter engerem Fokus versteht man die primäre Zielsetzung, die Verlässlichkeit der Finanzberichterstattung im Unternehmen zu gewährleisten. Der breite Fokus hingegen stellt auf eine umfassendere,

---

[23]Velte (2009), S. 166.

[24]So bspw. im SOA Section 401 und Section 407 mit Regelungen zur Definition und zur Berichterstattung darüber. Vgl. SOA (2002), Sec. 401 und Sec. 407; Velte (2009), S. 139.

[25]Vgl. Ruud und Isufi und Friebe (2008), S. 938; Ruud und Rüdisser (2008), S. 33.

[26]Vgl. Dennery et al. (2010), S. 9 f.

[27]Vgl. Jenal (2006), S. 3; Sommer (2010), S. 20 f. Zur Definition siehe auch COSO (1992), S. 13; Pfaff und Peters (2011), S. 67; Pfaff und Ruud (2011), S. 23; Ruud et al. (2011b), S. 175.

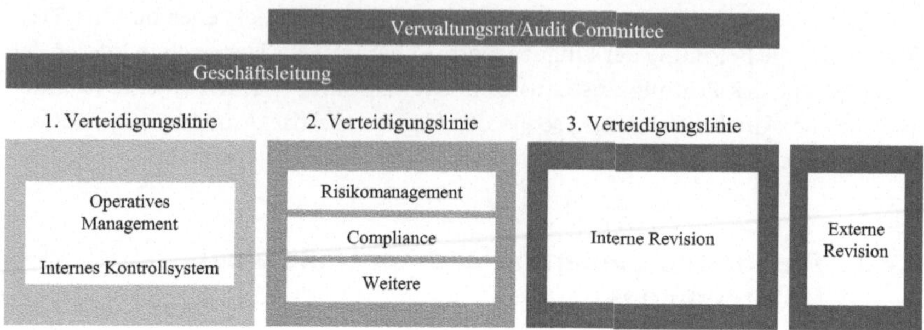

Abb. 2.1 Three Lines of Defence-Modell der internen Steuerung und Kontrolle (Quelle: In Anlehnung an Dennery et al. 2010, S. 9)

da ganzheitliche Definition des Zielumfangs ab und beinhaltet zusätzlich eine wirksame und effiziente Gestaltung von operativen Geschäftsprozessen sowie die Sicherstellung der Gesetzes- und Normenkonformität. Das interne Kontrollsystem im engeren Sinne beschreibt die prozessabhängigen Elemente der unternehmerischen Steuerung und Kontrolle. Prozessunabhängigen Elementen wie der internen Revision kommt dagegen zumeist die Überwachung der Angemessenheit und Wirksamkeit der internen Kontrollmechanismen zu. Auch die externe Revision fokussiert in ihrer Existenzprüfung nach Art. 728 OR auf die prozessabhängige Komponente der internen Steuerung und Kontrolle. Ein internes Kontrollsystem im weiteren Sinne würde hingegen auch die prozessunabhängige Tätigkeit der internen Revision umfassen. Um der Reichhaltigkeit der internen Steuerung und Kontrolle gerecht zu werden und die einzelnen Elemente gezielt abgrenzen zu können, wird in den folgenden Ausführungen das Definitionsverständnis des internen Kontrollsystems mit breitem Fokus, aber im engeren Sinne zugrunde gelegt, auch um die Funktion der internen Revision separat abbilden zu können. Diese Auffassung folgt zudem den Empfehlungen der massgeblichen Frameworks wie dem International Professional Practices Framework (IPPF) des Institut of Internal Auditors (IIA) und weiteren regulatorischen Bestimmungen.[28]

In der zweiten Verteidigungslinie wird die Funktion des Risikomanagements, der Compliance und weiterer Überwachungselemente dargelegt. Das Risikomanagement unterstützt und überwacht die Implementierung einer effektiven Vorgehensweise durch das operative Management und dient der Festlegung der Risikoneigung der residual anspruchsberechtigten Risikoträger des Unternehmens.

---

[28]Vgl. IIA (2011), Standard 2130; SVIR (2011), Standard 2130.

Das interne Kontrollsystem stellt einen integrierten Bestandteil des Risikomanagements dar, welches die Umsetzung der durch das Risikomanagement definierten Massnahmen sicherstellt.[29] Neben der zentralen Risikomanagementfunktion haben einige Unternehmen eine separate Compliance-Abteilung geschaffen, welche die Einhaltung anzuwendender Gesetze, Regulierungen und interner Richtlinien überwacht und direkt an das obere Management Bericht erstattet. Die weiteren Überwachungselemente können Bestimmungen zu Gesundheit, Sicherheit, Supply Chain, Umwelt oder Qualität umfassen.

In der dritten Verteidigungslinie wird schliesslich die interne Revision[30] beschrieben. Nach der massgeblichen berufsständigen Norm des IIA (in der Schweiz: Schweizerischer Verband für Interne Revision, SVIR) erbringt die interne Revision „unabhängige und objektive Prüfungs- (Assurance-) und Beratungsdienstleistungen, welche darauf ausgerichtet sind, Mehrwerte zu schaffen und die Geschäftsprozesse zu verbessern. Sie unterstützt die Organisation bei der Erreichung ihrer Ziele, indem sie mit einem systematischen und zielgerichteten Ansatz die Wirksamkeit der Risikomanagement-, der Internen Steuerungs- und Kontroll- sowie der Governance-Prozesse bewertet und diese verbessern hilft.“[31] In dieser Definition sind alle wesentlichen Merkmale eines modernen Verständnisses von interner Revision enthalten.[32] Mittels risikoorientiertem Ansatz vermittelt die interne

---

[29]Vgl. Sommer (2010), S. 23; Auch COSO (2006), S. 6; IIA (2011), Standard 2120; Ruud et al. (2011a), S. 711. Im Gegensatz zum gängigen Verständnis des Verhältnisses von internem Kontrollsystem und Risikomanagement formulieren einige regulatorische Bestimmungen das Risikomanagement umgekehrt als Bestandteil des internen Kontrollsystems, da sie auf dessen Definition im weiteren Sinne abstellen und entsprechend die interne Revision in das umfassende Begriffsverständnis integrieren.

[30]Anstelle des Begriffs interne Revision wird in der Praxis häufig auch Internal Audit verwendet, um dem Eindruck einer ausschliesslich nachgelagerten Funktion entgegenzuwirken und dem heutigen Spektrum an Aufgaben gerecht zu werden. Aufgrund des Forschungsfokus auf die Schweiz wird dennoch der deutsche Begriff in einem umfänglichen Verständnis verwendet. Vgl. auch Ruud und Rüdisser (2008), S. 33; Ruud et al. (2010), S. 574; Rüdisser und Mauer (2011), S. 716; SVIR (2011), S. 5.

[31]IIA (2011), S. 5. Es handelt sich hierbei um die den Schweizerischen Gegebenheiten angepasste Definition. Daneben existiert die offizielle deutsche Übersetzung der englischen Originalfassung. Siehe auch Ruud et al. (2009), S. 649; SVIR (2011), S. 5.

[32]Vgl. Sommer (2010), S. 59. Diese Merkmale umfassen Unabhängigkeit und Objektivität, die Erbringung von Prüfungs- und Beratungsdienstleistungen, die Unterstützung bei der Erreichung der Unternehmensziele und die Beurteilung der Risikomanagement-, IKS- (im weiteren Sinne) und Governance-Prozesse mittels systematischen und zielgerichteten Ansatz. Vgl. auch IIA (2011), Attribute- und Performance-Standards; Rüdisser und Mauer (2011), S. 716.

Revision dem Verwaltungsrat und der Geschäftsleitung einen Überblick, wie effektiv das Unternehmen seine Risiken beurteilt und managt und wie die erste und zweite Verteidigungslinie funktionieren und zusammenspielen.

Die externe Revision agiert als vierte Verteidigungslinie ausserhalb des Unternehmens und richtet ihre Tätigkeit eher auf die Anteilseigner, den Verwaltungsrat und die Geschäftsleitung aus. Die externe Revision überwacht mittels eines risikoorientierten Prüfungsansatzes, dass die Ergebnisse im Jahresabschluss ein den tatsächlichen Verhältnissen entsprechendes Bild der Vermögens-, Finanz- und Ertragslage darstellen. Im Hinblick auf diese gesetzlich definierte Funktion und Aufgabe beschränken sich die risikobezogenen Informationen auf Risiken der externen Finanzberichterstattung und beinhalten nicht die Steuerung und Kontrolle der unternehmensweiten Risiken (strategisch, operativ und auf Compliance ausgerichtet), da diese insbesondere durch das Risikomanagement, die Compliance-Funktion und die interne Revision abgedeckt sind.[33]

Um eine effektive Corporate Governance sicherzustellen, ist eine unternehmensspezifische Ausgestaltung der Strukturen der unternehmerischen Steuerung und Kontrolle von Nöten, da nur auf diese Weise der jeweiligen Wachstumssituation, den Überwachungs- und den Führungscharakteristika eines Unternehmens gebührend Rechnung getragen werden kann.[34] Dies ist insbesondere im Hinblick auf die seit jeher geäusserte Kritik an den Strukturen und der Wirkungsweise von Corporate Governance wichtig. So moniert Drucker: „Boards do not function".[35] Auch Mace befürchtete, dass Boards als rein schmückende Beiwerke missbraucht werden könnten, anstatt Funktionsträger effektiver Corporate Governance darzustellen: Boards seien blosse „Ornamente".[36] Das Ziel muss es daher sein, durch Kenntnis der relevanten Einflussfaktoren und Wirkungszusammenhänge eine adäquate und effiziente Ausgestaltung der mit der Überwachungsfunktion betrauten Instrumente zu erreichen und folglich solche geartete Meinungen zu entkräften.

---

[33] Vgl. Dennery et al. (2010), S. 10.

[34] Vgl. Boone et al. (2007), S. 69.

[35] Drucker (1974), S. 628; Carver (2007), S. 1031.

[36] Mace (1971); Carver (2007), S. 1031.

2.3 Verhaltenstheoretische Grundlagen zur Einrichtung und Ausgestaltung von Audit Committees

2.3.1 Prinzipal-Agenten-Theorie

In Ermangelung einer geeigneten Corporate Governance-Theorie, welche umfängliche Erklärungskraft für Strukturen, Massnahmen und Prozesse der Unternehmensüberwachung sowie verhaltenswissenschaftliche Phänomene der Unternehmensführung (z. B. Gruppenverhalten im Audit Committee) hätte, wird für die Einrichtung eines Audit Committees ersatzweise auf die Prinzipal-Agenten-Theorie zurückgegriffen. Selbst wenn in der Literatur auf eine Governance-Theorie referenziert wird, so ist regelmässig die Prinzipal-Agenten-Theorie damit gemeint.[37] Der Konflikt zwischen Prinzipal und Agent ist daher auch die dominante Perspektive in Corporate Governance-Kodizes.[38]

Die Prinzipal-Agenten-Theorie stammt aus der deskriptiven Theorie, welche ohne oder nur mit limitierten normativen Implikationen aufwartet, da das individuelle Gewinnmaximierungskalkül des Agenten als grundlegende Annahme der Neoinstitutionsökonomik postuliert wird.[39]

Die Prinzipal-Agenten-Theorie basiert auf der Grundhypothese, dass die Trennung von Eigentum und Kontrolle zu einem potenziellen Interessenkonflikt und divergierenden Nutzenfunktionen zwischen Prinzipal (Aktionär/Kapitalgeber) und Agent (Unternehmensleitung) führt.[40] Da gleichzeitig Entscheidungs- und Risikoträgerfunktion auseinanderfallen,[41] stellt das rationale Verhalten beider Parteien nach dem Modell des homo oeconomicus ein Problem dar, wenn die individuellen

---

[37] „To rely on best practices or the current codes for governance improvement is to miss the gaping omission of underlying theory in governance thinking. Yet even in 2006 it is rare to hear any reference to „governance theory", and when it occurs, what is normally meant is merely agency theory." Carver (2007), S. 1032.

[38] Vgl. Zattoni und Cuomo (2010), S. 64.

[39] Vgl. Berndt (2005), S. 27. Zur theoretischen Begründung vgl. Watts und Zimmerman (1978), S. 112 ff.

[40] Vgl. Berle und Means (1930), S. 65; Berle und Means (1932). „If both parties to the relationship are utility maximizers there is good reason to believe that the agent will not always act in the best interests of the principal. The principal can limit divergences from his interest by establishing appropriate incentives for the agent and by incurring monitoring costs designed to limit the aberrant activities, of the agent. [. . .] However, it is generally impossible for the principal or the agent at zero cost to ensure that the agent will make optimal decisions from the principal's viewpoint." Jensen und Meckling (1976), S. 308.

[41] „Separation of decision and risk-bearing function". Vgl. Fama und Jensen (1983), S. 301.

Interessen in Konsum, Zeitpräferenz, Risiko oder Wachstum divergieren.[42] Ein opportunistisches Verhalten der Manager kann ohne geeignete interne Kontrollmassnahmen dazu führen, dass die Interessen der residual Anspruchsberechtigten nicht umgesetzt werden.[43] Beispielhaft sei an dieser Stelle die individuelle Risikoneigung genannt, bei der Prinzipale aufgrund von Diversifikationsmöglichkeiten ihrer risikobehafteten Projektinvestitionen als risikoneutral modelliert werden, wohingegen Agenten aufgrund ihrer Abhängigkeit vom Arbeitseinkommen als risikoavers modelliert werden.[44]

Wenn die Eigentümer aufgrund der Grösse und Komplexität der Unternehmung Arbeit an das Management delegieren, entsteht das Problem von Informationsasymmetrien, welche in versteckten Eigenschaften, Informationen und Verhaltensweisen evident werden können:[45]

- Versteckte Eigenschaften: Eine versteckte Eigenschaft bedeutet in der Regel, dass ein Agent ex-ante, d. h. vor Vertragsabschluss, so tun kann, als ob er bestimmte Merkmale, Eigenschaften und Fähigkeiten besässe, welche der Prinzipal dann nur ex-post verifizieren kann. Die Gefahren einer versteckten Eigenschaft sind daher der Machtmissbrauch des Agenten durch Informationsasymmetrien und adverse Selektion.
- Versteckte Informationen: Eine versteckte Information ist entscheidend für die Zeit nach der Vertragsunterzeichnung, aber vor der Entscheidungsfindung und betrifft ein nicht-beobachtbares Informationsniveau des Agenten. Dies kann eine Verzerrung in der Bewertung von Ergebnissen aufgrund von Moral Hazard-Effekten bedeuten.
- Versteckte Verhaltensweisen: Eine versteckte Verhaltensweise beschreibt das Problem des nicht-beobachtbaren Verhaltens des Agenten. Der Prinzipal kennt das Endergebnis nur ex-post, kann dieses aber nicht auf das Anstrengungsniveau und die Aktivitäten des Agenten ursächlich zurückführen. Zum Beispiel kann er nicht einschätzen, ob das Ergebnis aufgrund der Leistung des Agenten oder durch exogene Umwelteinflüsse zustande gekommen ist. Die inhärenten Risiken der versteckten Verhaltensweisen sind Moral Hazard und Drückeber-

---

[42]Vgl. Jensen und Meckling (1976).

[43]Vgl. Fama und Jensen (1983), S. 304. „It may be more profitable for the individuals forming the management to take their profit and get out, living happily ever after on the money they have made." Berle und Means (1930), S. 66.

[44]Vgl. Bushman und Smith (2001), S. 260.

[45]Vgl. Sloan (2001), S. 340; Küpper (2005), S. 68.

gerei (Shirking), die entstehen, wenn der Agent seinen Informationsvorsprung
zu Ungunsten des Prinzipals verwenden kann.

Unterschiedliche Interessen und individuelle Nutzenneigungen der Akteure erhöhen also das Risiko, dass Agenten nicht immer im Interesse ihrer Auftraggeber
handeln und so individuelle und wohlfahrtsökonomische Wertverluste verursa-
chen. Diese setzen sich aus Verlusten durch Zieldivergenz und -verfehlung des
Unternehmens und anfallenden Ausgaben für Sanktionen durch die Kapitalgeber
zur Minimierung der Differenz zwischen der (pareto-optimalen) First-Best-Lösung
bei vollkommener Information und der Second-Best-Lösung bei unvollkommener
Information der handelnden Akteure zusammen.[46]

Erschwerend kommt insbesondere im Two Tier-Boardmodell hinzu, dass die
Prinzipal-Agenten-Beziehung doppelstufig zwischen Eigentümer und Aufsichtsrat, aber auch zwischen Aufsichtsrat und Vorstand auftritt.[47] So entstehen nach
Fama und Jensen zwei komplementäre Hypothesen zur Beziehung zwischen Entscheidungssystemen und Residualansprüchen: 1. Die Trennung der residualen
Risikoverfügungsmacht (Risk Bearer) von dem Entscheidungsmanagement (Decision Manager) führt zu unternehmerischen Entscheidungssystemen, welche
Entscheidungsmanagement und Entscheidungskontrolle voneinander separieren.
2. Die Kombination von Entscheidungsmanagement und Entscheidungskontrolle
bei einigen wenigen Agenten führt zu residualen Ansprüchen, welche weitgehend
auf diese Agenten beschränkt sind.[48] Nichtsdestotrotz ist die Trennung von Prinzipal und Agenten in grossen Organisationen effizient, da die Vorteile von diffusen
residualen Ansprüchen (z. B. frei verfügbaren Aktien) und von der Trennung des
Entscheidungs- von dem Risikoträger generell die Nachteile aller Agency-Kosten
überwiegen.[49]

Hauptkritikpunkte an der Prinzipal-Agenten-Theorie lassen sich aus ver-
schiedenen Überlegungen ableiten. So hat die Prinzipal-Agenten-Theorie nach
Millet-Reyes und Zhao drei gravierende Mängel in der Modellierung komplexer
Unternehmensstrukturen, da sie den Unterschieden in der nationalen Corporate

---

[46]Vgl. Graf und Stiglbauer (2007), S. 281.

[47]Vgl. Tirole (1986), S. 181.

[48]Vgl. Fama und Jensen (1983), S. 322.

[49]Als Agency-Kosten bezeichnet man die Summe aller Steuerungs- und Kontrollkosten,
welche durch 1. Überwachungsaufgaben des Prinzipals, 2. Bindungskosten (Signalisierungs-
kosten) des Agenten und 3. wohlfahrtliche Residualverluste auftreten. Vgl. Jensen und
Meckling (1976), S. 308.

Governance-Ausgestaltung nicht ausreichend Rechnung trägt.[50] Die theoretischen Annahmen der Theorie berücksichtigen nicht die unterschiedlichen Identitäten der Akteure innerhalb der Prinzipal-Agenten-Beziehung. Verschiedene Arten von Investoren (wie z. B. Staat, Banken, Familien etc.) verfolgen unterschiedliche Interessen, welche nur unzureichend differenziert abgebildet werden und zudem ohne Dynamik als ex-ante gegeben postuliert werden.

Die zweite Einschränkung der Prinzipal-Agenten-Theorie ist, dass wichtige Interdependenzen zwischen Unternehmens-Stakeholdern aufgrund des ausschliesslichen Fokus auf die bilaterale Vertragsgestaltung zwischen Auftraggeber und Agent übersehen werden. Bspw. behandeln Prinzipal-Agenten-Theoretiker Beschäftigungsverhältnisse als exogen durch Arbeitsmärkte determiniert – trotz der Arbeitnehmervertretung in vielen Aufsichtsräten europäischer Unternehmen.

Die dritte Einschränkung betrifft nach Meinung der Autoren die weitreichenden Modellannahmen der rationalen, opportunistischen und extrinsisch motivierten Verhaltensweise der Akteure. Hier knüpft insbesondere die Stewardship-Theorie an, welche im folgenden Kapitel ausführlich untersucht wird.

Zur Linderung der Prinzipal-Agenten-Problematik bietet es sich an, die aus der Informationsasymmetrie resultierenden Anreizkompatibilitätsprobleme durch geeignete Anreiz- und Kontrollmechanismen im Unternehmen zu lösen. Übergeordnetes Ziel ist daher die Entwicklung eines institutionellen Systems, welches es dem Prinzipal ermöglicht, den mit einem Informationsvorsprung ausgestatteten Agenten in seinem eigenen Sinne handeln zu lassen (Alignment). Dabei können bspw. Vergütungssysteme für Manager und Direktoren entsprechend ausgestaltet werden.[51]

Ebenfalls können die Erhöhung des Informationsaustauschs untereinander und die Verlängerung der Beziehungsdauer hilfreich sein. So tritt bspw. der Prinzipal-Agenten-Konflikt in Familienunternehmen weniger stark hervor, da die Familienmitglieder untereinander viele Kommunikationsdimensionen über einen langen Zeitraum haben und so einen Vorteil in der Überwachung und Diszi-

---

[50] Vgl. Millet-Reyes und Zhao (2010), S. 280.

[51] Grundsätzlich gibt es zwei konkurrierende Wirkungsrichtungen von aktienoptionsbasierten Vergütungssystemen für Manager: Wenn das Vergütungssystem eine deckungsgleichere, weil anreizkompatible Interessengestaltung zwischen Prinzipal und Agent sicherstellt, sollten c.p. weniger interne Kontrollschwächen in diesem Unternehmen aufgedeckt werden. Alternativ könnte ein ungeeignetes Vergütungssystem aber eine hohe Risikoneigung der Agenten induzieren und so den Interessen der Prinzipale entgegen wirken. Vgl. Bierstaker et al. (2009); Cullinan et al. (2010), S. 261.

plinierung von Entscheidungen der Agenten haben.[52] An dieser Stelle wird die
eingangs beschriebene Corporate Governance-Methode des Vertrauens neben der
Vertragsgestaltung evident.

Auch kann eine umfangreiche Unternehmenskommunikation und -publikation
zur Reduzierung von Informationsasymmetrien beitragen.[53] Die Finanzberichterstattung ist daher eine wichtige und verlässliche Quelle zur Reduzierung von
Informationsasymmetrien und hilft zudem durch eine effiziente Kapitalallokation
der Finanzmärkte der externen Unternehmenskontrolle.[54]

2.3.2 Stewardship-Theorie

Neben der Prinzipal-Agenten-theoretischen Betrachtungsweise als Erklärungs-
grundlage von Audit Committee-Verhalten und der institutionellen Stellung in der
unternehmerischen Überwachung wird in letzter Zeit immer häufiger eine weitere
Theorie zu dessen Erklärung herangezogen: Die Stewardship-Theorie.

Die Stewardship-Theorie von Donaldson und Davis[55] und Davis et al.[56] stellt
die Abkehr vom ausschliesslich rationalen homo oeconomicus hin zu einem
vielschichtigeren, komplexeren Menschenbild dar. Der Ansatz ist aus den So-
zialwissenschaften und der Psychologie abgeleitet und geht davon aus, dass die
Organisationsteilnehmer intrinsisch motiviert sind, um ihre Aufgaben auch ohne
externe Anreize in einer pro-organisatorischen Art und Weise zu erreichen. Die
wahrgenommene Nutzenfunktion der Stewards zeigt einen höheren Stellenwert
von pro-organisatorischen, kollektiven Verhaltensweisen als von individualisti-
schem, eigennützigem Verhalten. Auch im Fall einer Wahlmöglichkeit zwischen
einer eigennutzenmaximierenden Entscheidung und einer unternehmensvorteil-
haften Entscheidung, wird die Verhaltensweise des Stewards nicht von der den
Organisationszielen dienlichen Möglichkeit abweichen.

---

[52]Vgl. Fama und Jensen (1983), S. 306.

[53]Vgl. Berndt und Leibfried (2007).

[54]Externe Kontrollmechanismen wie bspw. Akquisitionen, Vermögensveräusserungen oder
Eigentumsänderungen können wirksam opportunistische Manager disziplinieren, wenn in-
terne Mechanismen nicht greifen. Vgl. Walsh und Seward (1990); Davis et al. (1997),
S. 23.

[55]Vgl. Donaldson und Davis (1991), S. 49.

[56]Vgl. Davis et al. (1997), S. 25.

Intrinsische Motivation ist selbsttragend und impliziert, dass eine Tätigkeit oder ein Ergebnis um seiner/ihrer selbst willen ausgeführt und wertgeschätzt wird.[57] Die Arbeitsinhalte und -ausführung selbst produzieren unmittelbar Befriedigung und stiften Nutzen, auch ohne (materielle) Entschädigung. Der Agent ist zufrieden, wenn die Ziele des Prinzipals erreicht werden.

Die Theorie geht von der Prämisse aus, dass Agenten eine höhere Motivation durch die Erreichung der angestrebten Unternehmensziele, Anerkennung durch Mitarbeiter und Reputation erzielen als durch die Befriedigung persönlicher Bedürfnisse und die Verfolgung von Eigeninteressen. Intrinsische Motivation beinhaltet in der Regel auch eine freiwillige Regelbefolgung, ein Verhalten über den vertraglich festgelegten Umfang hinaus oder Arbeiten für das Gemeinwohl (z. B. Open-Source-Software) ohne jegliche materielle Entschädigung.[58]

2.3.3 Abgrenzung der Theorien und Implikationen für die Einrichtung und Ausgestaltung von Audit Committees

Eine diametrale Abwägungsentscheidung der generell „richtigen" Theorie (Prinzipal-Agenten- vs. Stewardship-Theorie) erscheint nicht zielführend, sondern ist eher abhängig von den konkreten Unternehmensumständen („Fundamental Organisational Coalition"[59]). Sofern bspw. ein unternehmerisches Zusammengehörigkeitsgefühl oder Eintracht über die Unternehmensfortführung herrscht, können beide distinkte Theorien angewandt werden. Diese erklären somit valide einige Corporate Governance-Phänomene, aber eben nicht alle.[60]

Die Stewardship-Theorie versteht sich somit nicht als grundsätzliche Kritik oder negative Bewertung der Prinzipal-Agenten-Theorie, sondern will kontextabhängig das abweichende, nicht-opportunistische Verhalten des Agenten begründen. Die Anwendungs- oder Wechselfaktoren zwischen Prinzipal-Agenten- und Stewardship-Theorie beziehen sich auf den situativen und institutionellen Kontext der Unternehmung. Faktoren, welche die Anwendung der jeweiligen Theorien beeinflussen, sind insbesondere folgende: [61]

---

[57]Vgl. Calder und Staw (1975), S. 599; Deci (1975), S. 105. Zur Rechenschaftsfunktion von Stewards vgl. Berndt (2005), S. 19 f.

[58]Vgl. Muth und Donaldson (1998), S. 6; Frey und Osterloh (2005), S. 109.

[59]Vgl. Cyert und March (1963); Blau (1964).

[60]Vgl. Donaldson und Davis (1991), S. 60 f.

[61]Vgl. Davis et al. (1997), S. 27–38. Zur kulturellen Dimension vgl. Hofstede (1991).

Tab. 2.1 Gegenüberstellung der Prinzipal-Agenten- und Stewardship-Theorie. (Quelle: Grundei 2008, S. 143. In Anlehnung an Davis et al. 1997, S. 21 und 37)

	Prinzipal-Agenten-Theorie	Stewardship-Theorie
Theoretische Grundlage	Volkswirtschaftslehre	Organisationspsychologie und Soziologie
Leistungsmassstab	Shareholder Value	Stakeholder Value/Unternehmensziele
Beziehung zwischen Eigentümer und Manager	Zielkonflikt	Zielkongruenz
Menschenbild	Individueller Opportunismus	Pro-organisatorisches Verhalten
Motivation	Extrinsisch	Intrinsisch
Unsicherheit bezüglich des Managerverhaltens	Misstrauen, Verhinderung	Vertrauen, Akzeptanz
Design	Überwachung als Primäraufgabe des Boards, Unabhängigkeit der Direktoren, geteilte Entscheidungsbefugnisse, Anreizstrukturen	Beratung als Primäraufgabe des Boards, weit reichende Entscheidungs- und Ermessensbefugnis des Managements, fixe Vergütung

- Psychologische Faktoren: (1) Intrinsische vs. extrinsische Motivation; (2) Identifikation mit der Organisation; (3) Use of Power, also Machtstreben und -bewusstsein der Agenten
- Situative Faktoren: (1) Management-Philosophie, Vertrauen und Delegation; (2) Kulturelle Dimensionen nach Hofstede (1991): Individualismus vs. Kollektivismus und Machtdistanz (Power Distance)

Auf diese Weise können die Grenzen der Anwendung der jeweiligen Theorie durch eine Gegenüberstellung herausgearbeitet werden (Tab. 2.1).

Problematisch bei der Anwendung der jeweiligen Theorie ist neben der grundsätzlichen Unterscheidung des Managertyps die Verhaltensentscheidung des Eigentümers unter Berücksichtigung des antizipierten Verhaltens des Managers und vice versa. Diese spieltheoretische Analogie eines Gefangenendilemmas[62] beschreibt eine Interaktionsbeziehung, bei welcher zwei Parteien gleichzeitig bzw.

---

[62] Die Forschung zum „Prisoner's Dilemma" wurden insbesondere durch Tucker (1950) begründet. Vgl. Tucker (1950).

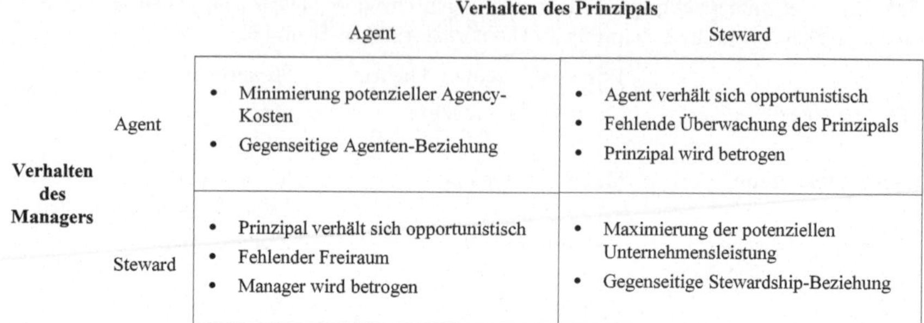

Abb. 2.2 Agent-/Steward-Verhaltensmodell nach Davis et al. (Quelle: Davis et al. 1997, S. 39)

ohne Kenntnis der Wahl des jeweils anderen Teilnehmers ihre Handlungsstrategien offenlegen müssen und dabei Gefahr laufen, einen pareto-ineffizienten Gleichgewichtszustand (sog. Nash-Gleichgewicht) zu erreichen.[63]

Wenn beide Parteien (Prinzipal und Manager) sich als Stewards verhalten, ist es das übergeordnete Ziel der Beziehung, das Potenzial im Unternehmen grundsätzlich zu maximieren. Diese gegenseitige Stewardship-Beziehung kann auf Vertrauen basieren und muss nicht auf die Vermeidung von Fehlverhaltensweisen abzielen, da sich beide pro-organisatorisch verhalten.

Gleichsam einleuchtend sind die Auswirkungen, wenn beide Protagonisten sich als Agenten verhalten. Das übergeordnete Ziel besteht darin, mögliche Agency-Kosten[64] (Überwachungskosten, Bindungskosten und Residualverluste) zu minimieren. Da beide Parteien eigennutzenmaximierend auftreten, ist die Verhaltensweise des jeweiligen Gegenübers adäquat zu antizipieren und ein Gleichgewichtszustand stellt sich ein.

Ein Problem tritt erst dann auf, wenn der Prinzipal oder der Manager eine vom Gegenüber abweichende Verhaltensweise wählt. Dann ist die Interaktionsbeziehung durch gegenseitiges Misstrauen, opportunistisches Verhalten aufgrund von Informationsasymmetrien und persönliche Enttäuschung gekennzeichnet. Eine erfolgreiche Zusammenarbeit ist dann unmöglich oder zumindest erschwert. Der kreuzweise Beziehungszusammenhang ist im Modell der Prinzipal-Manager-Verhaltensauswahl in Abb. 2.2 dargestellt.

---

[63] Vgl. Davis et al. (1997), S. 38. Zu kooperativen und nicht-kooperativen Verhaltensstrategien und zur mathematischen Begründung von Gleichgewichtszuständen vgl. Nash (1950).

[64] Vgl. Kap. 2.3.1.

Je nach dem welcher Theorie man folgt, ergibt sich eine unterschiedliche Ausgestaltung der unternehmerischen Überwachung im Board sowie unterschiedliche Anforderungen an die Board-Mitglieder. Am Beispiel der Rollendualität von CEO und Chairman des Boards zeigt sich, dass eine Hinterfragung des Unabhängigkeitspostulats der Prinzipal-Agenten-Theorie nach der Stewardship-Theorie adäquat wäre: Einerseits wird nach der Stewardship-Theorie ein mit umfangreichen Macht- und Entscheidungsbefugnissen ausgestatteter Unternehmensleiter und -überwacher die Organisationsziele bestmöglich erreichen können.[65] Andererseits ist nach der Prinzipal-Agenten-Theorie eine Aufteilung der Macht- und Entscheidungsbefugnisse von CEO und Chairman des Boards zielführend, da das opportunistische Managementverhalten so diszipliniert werden kann.

Eine suboptimale Ausgestaltung der Unternehmensleitung und -überwachung kann auch dadurch entstehen, dass Kontrolle für Stewards möglicherweise kontraproduktiv ist. Betrachtet man nun Audit Committee-Mitglieder aufgrund ihrer Vertrauensstellung im Unternehmen und ihrer nicht-exekutiven Tätigkeit eher als Stewards, würde das a priori pro-organisatorische Verhalten bei unangemessenen Kontrollmechanismen durch eine gesunkene Motivation potenziell unterminiert.[66]

Bei einer Fehlfunktion von internen Kontrollmechanismen wie dem Audit Committee besteht die Gefahr teurerer, externer Kontrollmechanismen wie Akquisitionen, Vermögensveräusserungen oder Eigentumsänderungen. Da externe Kontrollmechanismen aber zu Lasten des Nutzens der Eigentümer gehen, wird der Prinzipal interne Kontrollmechanismen generell bevorzugen und daher eine richtige Zuordnung der Audit Committee-Mitglieder nach der passenden Theorie anstreben.[67]

---

[65] In einer Stewardship-Umgebung zeigt sich, dass „dual CEO structures outperform independent chair structures." Donaldson und Davis (1991), S. 56. Ebenso zeigt sich empirisch ein positiver Zusammenhang zwischen Stewardship-Verhalten (z. B. Berufung von Rechnungslegungsexperten im Audit Committee) und der wahrgenommenen Güte der Corporate Governance durch den Kapitalmarkt. Vgl. Wild (1996); Velte (2009), S. 142.

[66] Vgl. Argryis (1964); Davis et al. (1997), S. 25.

[67] Vgl. Davis et al. (1997), S. 23; Siehe auch Walsh und Seward (1990).

2.4 Regulatorische Grundlagen zur Einrichtung und Ausgestaltung von Audit Committees

2.4.1 Hintergrund

Nach Berle und Means ist es Aufgabe der Politik, regulatorische Rahmenbedingungen für die Ausgestaltung und Arbeitsweise der Akteure und Massnahmen einer effektiven Corporate Governance festzulegen: „Here the statesman must enter the field."[68] Die politische Entschlossenheit zur Verbesserung der Effizienz des nationalen Corporate Governance-Systems kann somit die Einführung oder Überarbeitung von regulatorischen Vorgaben initiieren, deren wesentliche Entwicklungen in den folgenden Kapiteln aufgezeigt werden.

Massgeblich geprägt wurden die nationalen und supranationalen Corporate Governance-Systeme und damit auch die Entwicklung der Audit Committees durch sog. Corporate Governance-Kodizes, also Sammlungen an Empfehlungen und Vorschriften zur Ausgestaltung von Corporate Governance.

Unter einem Corporate Governance-Kodex versteht man ein „set of best practices regarding the board of directors and other governance mechanisms. Such codes have been designed to address deficiencies in the corporate governance system, by recommending a set of norms aimed at improving transparency and accountability among top managers and directors."[69]

Der erste Corporate Governance-Kodex wurde am Ende der 1970er Jahre in den USA entwickelt, mitten in der Debatte um die gesellschaftliche Funktion von Unternehmen („The social responsibility of business is to increase its profits" vom späteren Nobelpreisträger Friedman[70]) und der Veröffentlichung wegweisender Werke zur Board-Praxis (z. B. „Directors: Myth and Reality" von Mace[71]). Als Gründe für die Einführung von Corporate Governance-Kodizes können folglich insbesondere das Streben nach sozialer Legitimation der unternehmerischen Gewinnorientierung sowie das Streben nach erhöhter Effizienz in der Unternehmensstruktur und -überwachung angeführt werden.[72]

Kritik an den Regelungen von Corporate Governance-Kodizes wird regelmässig geäussert, da in weiten Teilen nur die geltende Gesetzeslage wiederholt wird,

---

[68]Berle und Means (1930), S. 66.

[69]Fernandez-Rodriguez et al. (2004), S. 29. Siehe auch Zattoni und Cuomo (2008), S. 3; Zattoni und Cuomo (2010), S. 66.

[70]Vgl. Friedman (1970).

[71]Vgl. Mace (1970).

[72]Vgl. Zattoni und Cuomo (2008), S. 1.

einzelne Regelungen nach der Auffassung verschiedener Interessengruppen (Stakeholder) zu kurz greifen bzw. nicht weit genug gehen oder die Umsetzung durch zu grosse Auslegungsspielräume intransparent ist. Zu beachten ist zudem, dass die „Angabe der Kodexbefolgung durch die Unternehmen trotz haftungsrechtlicher Exkulpationsmöglichkeiten bei unzutreffenden Entsprechenserklärungen nicht zuletzt durch bestehende Auslegungsspielräume [...] nicht mit der tatsächlichen Entsprechung gleichzusetzen ist."[73]

Aus Unternehmenssicht ist die Befolgung (Nichtbefolgung) der Regelungen des Kodex durchaus erstrebenswert (zu vermeiden), da dieses Verhalten regelmässig vom Kapitalmarkt belohnt (bestraft) wird. So formuliert Gerhard Cromme, ehemaliger Vorsitzender der Deutschen Corporate Governance Kodex-Kommission: „Wer sich nicht an den Kodex hält, den straft der Kapitalmarkt".[74] Allerdings soll an dieser Stelle auch auf Forschungsergebnisse hingewiesen werden, die diesen hypothetisierten Kausualzusammenhang empirisch nicht belegen können: So muss auch eine Nicht-Befolgung von Regelungen bei überzeugender Erklärung des Unternehmens sich nicht grundsätzlich negativ auf die Entwicklung des Aktienkurses auswirken.[75]

2.4.2 Entwicklungen ausserhalb der Schweiz

Die Entwicklung der Corporate Governance und deren Ausgestaltung ist in den letzten Jahren massgeblich durch Empfehlungen und Normen aus dem angelsächsischen Rechtsraum geprägt worden. Die Vorreiterrolle von Ländern wie den USA und Grossbritannien manifestiert sich in zahlreichen Publikationen, welche die Corporate Governance weltweit bis heute beeinflussen. Aufgrund des Gesetzescharakters wird eine Vielzahl der Regelungen auch für ausländische kotierte Unternehmen rechtsverbindlich, so dass sich einzelne Normen als weltweit gültig durchgesetzt haben.

Im Folgenden werden die wichtigsten historischen Meilensteine der Corporate Governance-Entwicklung ausserhalb der Schweiz in chronologischer Reihenfolge aufgezeigt und dabei insbesondere die für Audit Committees relevanten Empfehlungen zur Einrichtung und Ausgestaltung nach dem jeweiligen Report untersucht (Abb. 2.3).

---

[73]Graf und Stiglbauer (2007), S. 296. Vgl. auch Bauer et al. (2004), S. 102.

[74]Cromme, G. (2001), S. 13.

[75]Vgl. MacNeil und Li (2006); Graf und Stiglbauer (2007), S. 282.

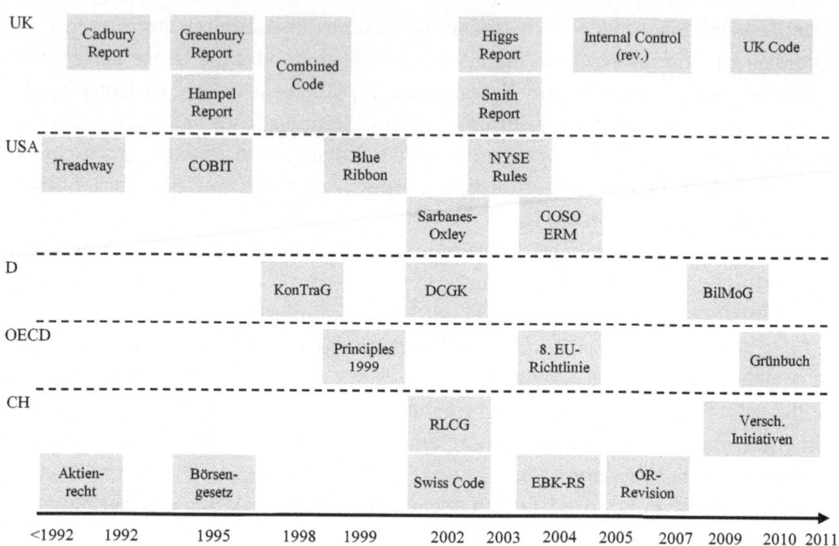

Abb. 2.3 Chronologische Übersicht massgeblicher Corporate Governance-Reports. (Quelle: In Anlehnung an Bühler und Schweizer 2002, S. 998)

2.4.2.1 Treadway-Report (USA)

Die nach ihrem Vorsitzenden James C. Treadway, Jr. benannte „National Commission on Fraudulent Financial Reporting" (sog. Treadway Commission) untersuchte im Zeitraum von Oktober 1985 bis September 1987 das amerikanische Berichterstattungssystem, mit dem Ziel Hinweise auf die Aufdeckung und Verhinderung betrügerischer Finanzberichterstattung zu identifizieren.[76] Dabei wurde die Kommission von bedeutenden Organisationen im Bereich des Finanz- und Rechnungswesens wie dem American Institute of Certified Public Accountants (AICPA), der American Accounting Association (AAA), den Financial Executives International (FEI), dem Institute of Internal Auditors (IIA) und dem Institute of Management Accountants (IMA) unterstützt und finanziert. Der Report enthält Empfehlungen für das Management, den Verwaltungsrat, die Abschlussprüfer, die SEC sowie für weitere regulatorische Institutionen in den USA.[77] Die Kommission veröffentlichte auch mehrere Audit Committee-spezifische Empfehlungen, welche zur Vermeidung betrügerischer Finanzberichterstattung dienen sollen. So wird al-

---

[76]Vgl. Treadway-Report (1987), S. 1.

[77]Vgl. ebenda, S. 1.

len börsenkotierten Unternehmen empfohlen, ein solches Gremium einzurichten: „The Commission recommends that all public companies be required to have audit committees composed entirely of independent directors."[78] Daneben legt es klar die Aufgaben und Verantwortlichkeiten des Audit Committees fest, wozu neben weiteren Pflichten auch die Überwachung der Unabhängigkeit des Wirtschaftsprüfers und der Vergabepraxis von Nicht-Audit-Beratungsdienstleistungen des Managements zählt, und schreibt vor, diese in einer schriftlichen Urkunde (Written Charter) zu dokumentierten.

2.4.2.2 Cadbury/Greenbury/Hampel im Combined Code (Grossbritannien)

Während die Corporate Governance-Diskussion in den USA bereits in den siebziger Jahren begann, gab in Europa der sog. Cadbury-Report des „Committee on the Financial Aspects of Corporate Governance" aus dem Jahr 1992 den Ausschlag für die weitere Entwicklung. Die Empfehlungen der Kommission unter Leitung von Adrian Cadbury und den dazugehörigen Ausführungen im „Code of Best Practice" zielen auf eine Verbesserung verschiedener Aspekte der Corporate Governance, insbesondere im Hinblick auf die Finanzberichterstattung und Rechenschaftablage von Unternehmen („[. . .] review those aspects of corporate governance specifially related to financial reporting and accountability") sowie auf eine Erhöhung der Standards unternehmerischen Handelns („[. . .] achieve the necessary high standards of corporate behaviour").[79] Trotz fehlender gesetzlicher Verankerung haben sich die Empfehlungen weitgehend durchgesetzt.

Massgebliche Erkenntnisse des Reports betreffen die Zusammensetzung, organisatorische Ausgestaltung sowie die spezifischen Aufgaben eines Verwaltungsrates im Allgemeinen und eines Audit Committees im Speziellen. Gemäss Ziff. 4.35 sollen Audit Committees ganz oder mehrheitlich aus nicht-geschäftsführenden (Non-Executive) oder aussenstehenden (Independent) Verwaltungsräten bestehen und dabei mindestens drei Mitglieder umfassen. Weiterhin soll das Gremium über ein schriftliches Pflichtenheft verfügen, welches die Organrechte und -pflichten genau regelt, und mindestens einen halbjährigen Sitzungszyklus anstreben.[80] Bei diesen Treffen sollen der Wirtschaftsprüfer und der CFO regelmässig anwesend sein.[81] Um weitgehende Untersuchungen innerhalb des Aufgabengebiets des Audit Com-

---

[78] Ebenda, S. 12.

[79] Cadbury-Report (1992), Rn. 1.2 und Rn. 1.3.

[80] Vgl. ebenda, Ziff. 4.35 a.

[81] Vgl. ebenda, Ziff. 4.35 c.

mittees zu ermöglichen, sollte das Gremium mit umfangreichen Kompetenzen ausgerüstet sein und über ein ausreichendes Verständnis der Materie verfügen.[82]

Im Jahr 1995 folgten dann die sog. Greenbury-Recommendations, welche insbesondere die Entschädigung von Führungskräften untersuchten. Prinzipiell richtet sich der Report an grosse, kotierte Gesellschaften, allerdings können die Empfehlungen gleichsam bei kleinen Unternehmen – zumindest als Leitlinien – angewandt werden. Zentrale Idee ist eine umfängliche Veröffentlichung aller Bezüge von Direktoren einschliesslich deren Pensionsleistungen sowie eine Ausrichtung der Bonuszahlungen und Aktienoptionen auf eine Periode von mindestens drei Jahren. Weiterhin wird empfohlen, die Compliance mit den vorgeschlagenen Regelungen im Jahresabschluss zu publizieren: „We recommend that all listed companies registered in the UK should comply with the Code to the fullest extent practicable and include a statement about their compliance in the annual reports to shareholders by their remuneration committees or elsewhere in their annual reports and accounts. Any areas of non-compliance should be explained and justified."[83] Der sog. Hampel-Report des „Committee on Corporate Governance"[84] vom Januar 1998 nahm das in Grossbritannien entstandene Bedürfnis auf, die praktischen Erfahrungen mit dem Cadbury-Report von 1992 zusammenzufassen und zu würdigen, um daraus einheitliche Regeln für die börsenkotierten Gesellschaften zu formulieren. Die wichtigsten Empfehlungen lassen sich wie folgt zusammenfassen:[85]

- Ausgestaltung des Verwaltungsrates als One-Tier Board,
- Berufung einer ausreichenden Anzahl von Non-Executive Verwaltungsräten, um eine einseitige Dominanz zu vermeiden (von diesen sollte die Mehrheit unabhängig sein);
- Zusammensetzung des Verwaltungsrates nach funktionalen Kriterien;
- Relative Unabhängigkeit des Verwaltungsrates vom Management;
- Verpflichtung des Managements zur umfassenden Information des Verwaltungsrates als Voraussetzung für dessen Arbeitseffizienz;
- Genehmigungsvorbehalt des Verwaltungsrates für besonders wichtige Geschäfte der Gesellschaft;

---

[82]Vgl. ebenda, Ziff. 4.37.

[83]Greenbury-Recommendations (1995), Rn. 2.3.

[84]Der Bericht des Committee on Corporate Governance – Final Report wird als Hampel-Report (1998) bezeichnet.

[85]Die zusammenfassende Auswahl der wichtigsten Aussagen des Hampel-Reports geht zurück auf Böckli (2000), S. 135. Die relevanten Fundstellen für diesen Exzerpt sind Hampel-Report (1998), Ziff. 2.5, 3.7 bis 3.10, 3.12, 3.19, 4,11 ff., 6.10 ff., 6.12 sowie die Prinzipien 6, 10, 11, 16, 26 und 48.

- Einführung einer regelmässigen Selbstbeurteilung der Gesamtleistung des Verwaltungsrates sowie der Leistung der einzelnen Verwaltungsräte;
- Berichterstattung des Verwaltungsrates über die Effektivität des internen Kontrollsystems;
- Einrichtung eines Audit Committees, Remuneration Committees sowie Nomination Committees.

Spezifisch auf das Audit Committee ausgerichtet sind nur die Prinzipien 48 und 51. Das Prinzip 48 wurde aus dem Cadbury-Report übernommen und besagt, dass jede Gesellschaft ein Audit Committee einrichten sollte, welches aus mindestens drei nicht-exekutiven Mitgliedern besteht, davon mindestens zwei unabhängigen. Eine generelle Lockerung dieser Regelung ist für kleine Unternehmen nicht vorgesehen, sollte aber von den Aktionären flexibel je Unternehmen anerkannt werden.[86] Prinzip 51 schlägt vor, dass das Audit Committee laufend das Gesamtsystem der finanziellen Beziehung zwischen dem Unternehmen und seinem Abschlussprüfer überwacht, um ein Gleichgewicht zwischen der umfänglichen Begutachtung und einer sinnvollen Kosten-Nutzen-Relation sicherzustellen.[87]

Aufbauend auf dem Abschlussbericht der Cadbury-Kommission, den Greenbury-Recommendations und dem Hampel-Report wurde im Jahr 1998 der „Combined Code of Corporate Governance" durch das „Financial Reporting Council" erarbeitet und im Mai 2000 verabschiedet. Seine Einhaltung ist unterdessen Voraussetzung zur Börsenkotierung an der Londoner Börse.[88] Der Code nimmt die wichtigsten Erkenntnisse der Einzelreports auf und sieht demnach die Einrichtung eines Audit Committees obligatorisch vor. Er legt in Section 1C.3 dessen personelle Zusammensetzung, organisatorische Ausgestaltung und spezifische Aufgaben fest. So wird festgeschrieben, dass es in der Regel aus drei unabhängigen (nicht-exekutiven) Verwaltungsräten besteht, von denen mindestens eine Person Finanzexpertise vorweisen muss.[89] Zu den Hauptverantwortlichkeiten zählen unter anderem die Überwachung der Finanzberichterstattung, der unternehmensinternen Kontrollsysteme sowie der externen Revision.[90] Ebenfalls überwacht der Verwaltungsrat die Effektivität der internen Revision.[91]

---

[86] Vgl. Hampel-Report (1998), Prinzip 48.

[87] Vgl. Hampel-Report (1998), Prinzip 51.

[88] Vgl. die Präambel im Combined Code (2000), Rn. 3.

[89] Vgl. Combined Code (2000), Sec. 1 C.3.1.

[90] Vgl. ebenda, Sec. 1 C.3.2.

[91] Vgl. ebenda, Sec. 1 C.3.5.

2.4.2.3 Blue Ribbon-Report (USA)

Der damalige Vorsitzende der SEC, Arthur Levitt, kündigte im Herbst 1998 die Berufung des Blue Ribbon Committees an, welches unter der Leitung von Ira M. Millstein und John C. Whitehead Empfehlungen für die Verbesserung der Arbeit des Audit Committees erarbeiten sollte. Diese Empfehlungen des „Report and Recommendations of the Blue Ribbon Committee on Improving the Effectiveness of Corporate Audit Committees" wurden im Februar 1999 in Washington umgesetzt und für verbindlich erklärt.[92] Der Bericht enthält Empfehlungen (Best Practice for Audit Committees), welche die Finanzberichterstattung verbessern sollen. Sofern Subjektivität oder ermessensbehaftete Beurteilungen die Qualität der Rechnungslegung beeinflussen, soll die Überwachung durch das Audit Committee verstärkt werden.[93]

Der Blue Ribbon-Report enthält folgende zehn Empfehlungen, welche das Audit Committee betreffen:[94]

- Audit Committee-Mitglieder sollten die Unabhängigkeitsanforderungen des Reports erfüllen. Diese schliessen bspw. Anstellungsverhältnisse in den letzten fünf Jahren, entgeltliche Mandate, Verwandtschaftsverhältnisse zu Führungskräften und bedeutsame Geschäftsbeziehungen aus. Abweichende Regelungen sind an sich möglich, müssen jedoch substanziell in der jährlichen Stimmrechtsbevollmächtigung („Proxy Statement") begründet werden.
- Dem Audit Committee sollen nur nicht-geschäftsführende Verwaltungsratsmitglieder („Comprised Solely of Independent Directors") angehören.
- Das Audit Committee soll aus mindestens drei Mitgliedern bestehen, welche bereits über Fachkenntnisse im Bereich Finanz- und Rechnungswesen („Financially Literate") verfügen oder sich diese innerhalb einer angemessenen Frist aneignen. Mindestens ein Mitglied muss zudem besonders profunde Kenntnisse und Erfahrungen in der Rechnungslegung („Accounting or Related Financial Management Expertise") besitzen.
- Das Audit Committee muss über ein schriftliches Organisationsreglement („Formal Written Charter") verfügen. Dort werden Verantwortlichkeiten sowie

---

[92]Die Empfehlungen des Kommittees wurden 1999 von der Börse (NYSE), der American Stock Exchange (Amex), der National Association of Securities Dealers Automated Quotations (Nasdaq) und dem AICPA in die Börsenkotierungsreglemente übernommen.

[93]Zu Rechnungslegungsadressaten und entscheidungsnützlichen Informationsinhalten vgl. Berndt (2005).

[94]Vgl. die Recommendations 1–10 im Blue Ribbon-Report (1999), S. 10–16; Böckli (2000), S. 139; Bischofberger (2007), S. 42 f.

Strukturen, Prozesse und Anfordernisse der Aufgabenerfüllung definiert und eine jährliche Überprüfung derselben festgelegt.

- Im Rahmen der Jahresversammlung soll den Aktionären offen gelegt werden, inwiefern das Audit Committee seine Aufgaben aus dem Reglement erfüllt hat.
- Die externe Revisionsstelle ist dem Verwaltungsrat und insbesondere dem Audit Committee zur Rechenschaft verpflichtet. Die Unternehmensorgane als Vertreter der Aktionäre („Ultimate Authority") können demnach den Revisor auswählen, bewerten und absetzen.
- Das Audit Committee muss jährlich eine schriftliche Bestätigung der externen Revisionsstelle über deren Unabhängigkeit zu dem geprüften Unternehmen einholen und sich von dieser strikten Unabhängigkeit auch durch vertiefende Gespräche überzeugen (Garantenstellung des Audit Committees).
- Das Audit Committee und die externe Revisionsstelle diskutieren die Qualität der Rechnungslegung, insbesondere die den Schätzungen zugrunde liegende Aggressivität oder Vorsicht („Aggressiveness or Conservatism").
- Das Audit Committee erstellt einen Rechenschaftsbericht über seine Aktivitäten, in welchen die Erfüllung der Aufgaben bekräftigt wird. So soll eine Bestätigung enthalten sein, dass das Audit Committee die Jahresrechnung für „Fairly Presented in Conformity with Generally Accepted Accounting Principles (GAAP) in All Material Respects" hält.
- Vor Erstellung des Quartalsabschlusses (Form 10-Q) führt die externe Revisionsstelle eine kritische Finanzprüfung durch.

Die Empfehlungen stellen relativ deutliche inhaltliche Kriterien an die Einrichtung und organisatorische Ausgestaltung des Audit Committees. So werden die Überwachung der Qualität der Rechnungslegung und die Zusammenarbeit zwischen interner und externer Revision genauer spezifiziert – Elemente, welche heute zu den klassischen Kernbereichen der Audit Committee-Tätigkeit gehören.[95] Allerdings erscheint es fraglich, ob bereits zur damaligen Zeit der Bestätigungsvermerk des Audit Committees zur Regelkonformität des gesamten Jahresabschlusses nach Empfehlung 9 von einem noch so pflichtbewussten und bilanzsicheren Unterausschuss des Verwaltungsrates vernünftigerweise geleistet werden konnte.[96]

2.4.2.4   Sarbanes-Oxley-Act (USA)

Als Reaktion auf zahlreiche Bilanzskandale u. a. bei Enron und Worldcom wurde im Juli 2002 der Sarbanes-Oxley-Act vom US-Kongress verabschiedet. Dieses nach Senator Paul S. Sarbanes und dem Kongressabgeordneten Michael G. Oxley

---

[95]Vgl. Berndt et al. (2011a), S. 133; Berndt et al. (2011b), S. 5; Offenhammer (2011), S. 429 ff.

[96]Vgl. gleichsam kritisch: Böckli (2000), S. 140.

benannte Gesetz gilt als wichtigste und weitreichenste Ergänzung des Securities Exchange Act von 1934, dem US-amerikanischen Börsengesetz.[97] Als Massnahme zur Wiederherstellung des Vertrauens der Investoren in den Kapitalmarkt und zur Verbesserung der Qualität der finanziellen Berichterstattung wurde das Gesetz für alle bei der amerikanischen Börsenaufsicht SEC registrierten Gesellschaften verbindlich. Ziel des Aktes war „to protect investors by improving the accuracy and reliability of corporate governance disclosures made pursuant to the securities law and for other purposes"[98].

Die darin enthaltenen, detaillierten Corporate Governance-Regelungen weisen umfangreiche Bestimmungen zur Ausgestaltung, Verantwortlichkeiten und Tätigkeiten des Audit Committees auf. Im Gegensatz zu den bisher gültigen Regelungen des Blue Ribbon-Reports mussten fortan auch ausländische Emittenten über ein Audit Committee verfügen. Die relevantesten Ausgestaltungsmerkmale sind in den Section 301 (Public Company Audit Committees) und Section 407 (Disclosure of Audit Committee Financial Expert) geregelt:[99]

- Audit Committees erfahren eine rechtliche Anerkennung, inklusive der Unabhängigkeit ihrer Mitglieder und der Verantwortlichkeit gegenüber bestellten Wirtschaftsprüfern.
- Audit Committees sind direkt verantwortlich für die Berufung, Entschädigung und Überwachung der Arbeiten der externen Revisionsstelle.
- Alle Audit Committee-Mitglieder müssen dem Verwaltungsrate angehören und persönlich unabhängig sein.
- Mindestens ein Mitglied muss eine Fachperson in Rechnungslegung („Financial Expert nach Sec. 407") sein.
- Jedes Audit Committee richtet Massnahmen zum Umgang mit Beschwerden hinsichtlich Vorgängen bei Rechnungslegung, internen Kontrollmechanismen und Abschlussprüfung ein.
- Jedem Audit Committee wird das Recht zugesprochen, externe Beratung und Beistand zu engagieren.

---

[97]Vor der Verabschiedung von SOA im Jahr 2002 waren die Vorschriften zur ordnungsmässigen Buchführung und zum Vorhandensein wirksamer interner Kontrollmechanismen im „Foreign Corrupt Practices Act" (FCPA) aus dem Jahr 1977 geregelt. Diese beziehen sich vorwiegend auf die richtlinienkonforme Autorisierung von Transaktionen und deren Dokumentation, der Autorisierung von Vermögenswertzugängen und dem Abgleich des Vermögensausweises mit den tatsächlichen Vermögenswerten mittels Inventurverfahren. Vgl. FCPA (1977), § 78m Abs. b.2.a; Sommer (2010), S. 36.

[98]SOA (2002), Präambel und Sec. 1(a).

[99]Vgl. SOA (2002), Sec. 301; SOA (2002), Sec. 407.

- Jeder Emittent hat für eine ausreichende finanzielle Ausstattung des Audit Committees zu sorgen, um zusätzlichen Finanzbedarf durch erweitere Abschlussprüfungen oder Beratungsaufwendungen zu decken.

Zur Umsetzung der zahlreichen gesetzlichen Vorgaben wurden in der Folgezeit durch die SEC und das neu gegründete Public Company Accounting Oversight Board (PCAOB) verschiedene Regelungen mit weiteren Anforderungen erlassen. Während das PCAOB eher die Durchsetzung von Qualitäts- und Unabhängigkeitsanforderungen der externen Revisionsstelle sicherstellen sollte, forderte die SEC von den amerikanischen Börsen (z. B. der NYSE) ihr Kotierungsreglement zu ändern und der neuen Gesetzeslage anzupassen. Die Kotierungsbestimmungen wurden grundlegend überarbeitet und umfassende Regelungen für Audit Committees erlassen, welche teilweise über die Anforderungen im SOA hinausgingen. So waren bspw. diejenigen Gesellschaften vom Börsenhandel auszuschliessen, welche nicht über ein Audit Committee nach den Massgaben des SOA verfügten.[100] Im Gegensatz zu anderen Gesetzgebern konkretisierte die SEC auch die Anforderungen an die Audit Committee-Mitglieder bspw. hinsichtlich Fachexpertise.[101] Auch die Unabhängigkeitsregularien von Verwaltungsräten wurden in Sec. 303A genauer definiert und ein Jahr später nochmals verschärft.[102] Von amerikanischen Gesellschaften waren die Regeln ab der ersten Generalversammlung spätestens ab dem 31. Oktober 2004 einzuhalten, während ausländischen Gesellschaften eine längere Übergangsfrist bis 31. Juli 2005 eingeräumt wurde.

Der SOA wird als bedeutendste regulatorische Initiative des amerikanischen Kapitalmarktes seit den 1930er Jahren bezeichnet.[103] Zahlreiche Unternehmen waren aufgefordert, weite Bereiche der finanziellen Berichterstattung zu formalisieren, dokumentieren und verstärkt prüfen zu lassen, was den Stellenwert und die Qualität der Corporate Governance zweifelsohne erhöht hat. Aufgrund der exterritorialen Auslegung des Gesetzes war die Wirkung nicht auf die USA beschränkt, sondern defacto weltweit auszumachen. Kritik am SOA wird häufig an der Dichte der Bestimmungen, welcher zu einer Überregulierung führen, geäussert, so dass teilweise von einer Verschlechterung der Kapitalmarkteffizienz und einer Verringerung der Wettbewerbsfähigkeit der USA gesprochen wurde.[104] Der als unverhältnismässig

---

[100]Vgl. SEC Final Rule, Release-No. 33–8220 vom 25. April 2003 (NYSE 2004); Altmeppen (2004), S. 390; Ruud und Hess (2007), S. 255; Huwer (2008), S. 40.

[101]Vgl. Velte (2009), S. 139.

[102]Vgl. NYSE (2004), Sec. 303A; NYSE (2002), S. 6.

[103]Vgl. Von der Crone und Roth (2003), S. 132; Sommer (2010), S. 41.

[104]Vgl. Committee on Capital Market Regulation (2006), S. 10.

empfundene Aufwand, um den geforderten Detaillierungsgrad der Angaben zu erreichen, sowie die extensive Umsetzungsvorgaben der externen Revisionsstelle werden kritisiert. Am Beispiel des Unternehmens British Telecom, welche an der amerikanischen Börse zweitgelistet ist, zeigt sich der hohe Aufwand, welcher durch die Einführung von SOA dem Unternehmen entstanden ist. So berichtete das Unternehmen im November 2004, dass durch den SOA dem Konzern zusätzliche Aufwendungen in Höhe von US $18.6 Mio. entstünden, um mit den Vorschriften übereinzustimmen.[105] Zudem wird der SOA auch als Beispiel der Überreaktion von Kapitalmarktregulierung gesehen, bei der das Fehlverhalten einiger weniger das Handeln vieler negativ beeinflusst. Mintz formuliert 2005: „SOA may be a costly example of the many paying for the mistakes of the few".[106]

2.4.2.5 Deutscher Corporate Governance Kodex (Deutschland)

Die beiden bisher betrachteten Länder Grossbritannien und USA entstammen der angelsächsischen Rechtstradition des „Common Law" und sind bezüglich der Ausgestaltung der obersten Corporate Governance-Strukturen als One-tier Boards einzuordnen. Analog dazu haben sich auch in der europäischen Rechtstradition des „Code Law" in Deutschland Empfehlungen und gesetzliche Reglements für die Ausgestaltung von Audit Committees gebildet, hier allerdings für die Two-tier Boardstrukturen.

Einem der ersten Meilensteine zur Dokumentation von Überwachungsaufgaben des Aufsichtsrates im Gesetz zur Kontrolle und Transparenz im Unternehmensbereich (KonTraG) aus dem Jahr 1998 folgend, verabschiedete die vom Bundesministerium der Justiz eingesetzte Regierungskommission „Deutscher Corporate Governance Kodex" im Februar 2002 ihren Abschlussbericht mit zahlreichen Empfehlungen zur Ausgestaltung der obersten Führungs- und Kontrollebene im Unternehmen. Der Kodex unter Leitung von Gerhard Cromme hatte zum Ziel, Verhaltensregeln für die Leitung und Kontrolle börsennotierter Unternehmen in Deutschland zu erarbeiten. So sollten einerseits Verhaltensregeln und -standards für Aufsichtsräte und Vorstände festgelegt werden und andererseits die Informationspflichten gegenüber Eigentümern und die Stellung der Abschlussprüfer praxisnah festgeschrieben werden. Die Gesamtheit der Massgaben sollte die Transparenz von Entscheidungen erhöhen. Dabei werden insgesamt die Grundsätze einer „guten und verantwortungsvollen Unternehmensführung"[107] dargelegt und

---

[105]Vgl. Maitland (2004); Mintz (2005), S. 589.

[106]Mintz (2005), S. 582.

[107]DCGK (2010), Präambel, S. 1.

durch Muss-, Soll- und Kann-Vorschriften operationalisiert. Um die Einhaltung der Vorschriften möglichst transparent zu gestalten, müssen Vorstand und Aufsichtsrat jeder börsennotierten Gesellschaft gemäss § 161 AktG jährlich eine Erklärung abgeben, inwieweit sie die Empfehlungen des Kodex angewandt haben (sog. Entsprechenserklärung, „Comply or Explain").[108]

Inhaltlich wird dem Aufsichtsrat empfohlen, fachlich qualifizierte Unterausschüsse zur Steigerung der Effizienz der Aufsichtsratsarbeit und der Behandlung komplexer Sachverhalte einzurichten. Insbesondere der Prüfungssauschuss, welcher sich mit Fragen der Rechnungslegung, des Risikomanagements und der Compliance, der erforderlichen Unabhängigkeit des Abschlussprüfers, der Erteilung des Prüfungsauftrags an den Abschlussprüfer, der Bestimmung von Prüfungsschwerpunkten und der Honorarvereinbarung befasst, erfährt einen Bedeutungszuwachs.[109]

Dieser Bedeutungszuwachs lässt sich auch anhand der zeitlichen Anerkennung von Audit Committees im DAX-30 erkennen. Waren im Jahr 2000 nur ein Viertel der börsenkotierten Unternehmen mit einem Audit Committee ausgestattet, so stieg dieser Anteil im Jahr 2003 auf 40 % und seit dem Jahr 2005 verfügt jeder Aufsichtsrat über ein solches Gremium.[110] Diese Entwicklung wurde massgeblich durch nationale Kodizes beflügelt, initial angestossen durch den SOA in den USA.

Kritik am DCGK wird regelmässig an der wenig konkreten Definition der Anforderungen an die Audit Committee-Mitglieder hinsichtlich Unabhängigkeit, Fachwissen und -expertise in Rechnungslegungsgrundsätzen geäussert. So bezeichnet Velte die Empfehlungen und Anregungen des DCGK als kritikwürdig, da diese „keine wesentliche Konkretisierung" der Begrifflichkeiten bietet und verweist auf den Österreichischen Corporate Governance Kodex (ÖCGK), welcher vom Verwaltungsrat eigene Definitionskriterien fordert und konkrete Tatbestände als Deduktionsgrundlage, bspw. zur Begründung von Unabhängigkeit, anbietet.[111]

Den internationalen Entwicklungen im Bereich der Corporate Governance Rechnung tragend wurden in Deutschland weitere Regelungen und Gesetze zur

---

[108]Dort heisst es: „Vorstand und Aufsichtsrat der börsennotierten Gesellschaft erklären jährlich, dass den vom Bundesministerium der Justiz im amtlichen Teil des elektronischen Bundesanzeigers bekannt gemachten Empfehlungen der „Regierungskommission Deutscher Corporate Governance Kodex" entsprochen wurde und wird oder welche Empfehlungen nicht angewendet wurden oder werden und warum nicht." § 161 I S. 1 AktG. Eingefügt wurde der Paragraph durch das Transparenz- und Publizitätsgesetz, welches am 26. Juli 2002 in Kraft getreten ist.

[109]Vgl. DCGK (2010), Ziff. 5.3.2.

[110]Vgl. Velte (2009), S. 131.

[111]Velte (2009), S. 134; ÖCGK (2010), Anhang 1 Leitlinien für die Unabhängigkeit, S. 47.

Corporate Governance verabschiedet. Hier sind insbesondere das Bilanzrechts-reformgesetz (BilReG) im Dezember 2004, das Gesetz über die Offenlegung der Vorstandsvergütungen (VorstOG) im August 2005, das Gesetz zur Unternehmensintegrität und Modernisierung des Anfechtungsrechts (UMAG) im September 2005, das Bilanzrechtsmodernisierungsgesetz (BilMoG) im Mai 2009, das Vorstandsvergütungsangemessenheitsgesetz (VorstAG) im Juli 2009 oder das Gesetz zur Umsetzung der Aktionärsrechterichtlinie (ARUG) im August 2009 zu nennen.

2.4.2.6 Higgs- und Smith-Report (Grossbritannien)

Die beiden im Jahr 2003 veröffentlichten Abschlussberichte der Higgs-Kommission (Review of the Role and Effectiveness of Non-Executive Directors) und der Smith-Kommission (Audit Committees: Combined Code Guidance – A Report and Proposed Guidance by an FRC-Appointed Group Chaired by Sir Robert Smith) beschäftigen sich mit weiteren Schritten zur Verbesserung der Corporate Governance in Grossbritannien. Der bisherigen Kodifizierungstradition folgend wurden diese jedoch nicht als gesetzlich verbindlich, wie bspw. im SOA, ausgestaltet, sondern sollten mithilfe einer Selbstverpflichtung der Wirtschaft bzw. den Börsenkotierungsreglements Eingang in die Unternehmenspraxis finden.

Während sich der Higgs-Report eher allgemein mit den nicht-geschäfts-führenden Verwaltungsräten beschäftigt, also bspw. Vorgaben zur Unabhängig-keit, zur Rollendualität von CEO und Boardvorsitzendem und zur Ausgestaltung der Boardstruktur mittels Ausschüssen macht, fokussiert der Smith-Report ge-zielt auf Audit Committees. Die Hauptempfehlungen („Essential Requirements") betreffen insbesondere folgende Punkte:[112]

- Der Verwaltungsrat soll ein Audit Committee mit den folgenden Hauptaufgaben und Verantwortlichkeiten einrichten:
  - Überwachung der Integrität der Finanzberichterstattung der Gesellschaft;
  - Überprüfung des unternehmenseigenen internen Kontrollsystems, sofern dies nicht durch einen separaten Ausschuss oder den Gesamtverwaltungsrat geschieht;
  - Überwachung und Überprüfung der internen Revision;
  - Abgabe einer Empfehlung hinsichtlich der Berufung der externen Revisionsstelle, dessen Entschädigung und Anstellungsbedingungen;
  - Überwachung und Überprüfung der Unabhängigkeit, Objektivität und Effektivität der externen Revisionsstelle;
  - Entwicklung und Implementierung einer Richtlinie zu Nicht-Audit-Dienstleistungen des Abschlussprüfers;

---

[112]Vgl. Smith-Report (2003), Ziff. 2.1 bis Ziff. 6.3.

- Das Audit Committee soll aus mindestens drei Mitgliedern bestehen, welche ausschliesslich unabhängige, nicht-geschäftsführende Verwaltungsräte sind.

Beide Reports halten Beschränkungen hinsichtlich der Mandatsausübung und Ausschussmitgliedschaft von Verwaltungsratsmitgliedern für zweckmässig. Während Higgs den Einsitz in mehreren Ausschüssen als nicht wünschenswert einschätzt, formuliert Smith Bedenken, falls der CEO Mitglied im Audit Committee werden sollte.

Insgesamt drängen beide Reports auf eine Stärkung der unabhängigen Verwaltungsratsmitglieder, was letztendlich eine Annäherung des angelsächsischen One-tier Boardmodells in Richtung des deutschen Two-tier Modells bedeutet. Trotz breiter Anerkennung der beiden Abschlussberichte waren diese dennoch in Grossbritannien nicht unumstritten.[113] Als Hauptargument gegen die Umsetzung der Empfehlungen werden oftmals der fehlende Markt für qualifizierte, nicht-geschäftsführende Verwaltungsräte bzw. die hohen Kosten einer Rekrutierung angeführt.[114] Auch könne die Vielzahl an detaillierten Vorgaben zu einer Sorglosigkeit im Umgang mit Risiken („Long sets of rules create a mindset of ,anything is allowed as long as it is not precluded'.") oder einer Einschränkung unternehmerischer Freiheit führen, wie der Vorsitzende der Londoner Börse, Don Cruickshank anmerkte.[115]

Im Juli 2003 wurden dann die Erkenntnisse der beiden Abschlussberichte in den überarbeiteten Combined Code von 1998 eingefügt und gemeinsam publiziert.

2.4.2.7 Achte EU-Richtlinie zur Abschlussprüfung (EU)

Unter dem umgangssprachlich als 8. EU-Richtlinie, Abschlussprüfungs-Richtlinie oder auch EuroSOX[116] genannten Vorschlag der Europäischen Kommission wird die Richtlinie 2006/43/EG des Europäischen Parlaments und des Rates vom 17. Mai 2006 verstanden. Diese verpflichtet grundsätzlich alle Unternehmen des öffentlichen Interesses[117] zur Einrichtung eines Audit Committees, hält aber bestimmte Wahlrechte für Mitgliedstaaten bei der Umsetzung in nationales Recht vor. So

---

[113]Vgl. FRC (2003).

[114]Vgl. Manifest (2003).

[115]Vgl. Cruickshank (2003).

[116]Als europäischer Gegenentwurf zum Sarbanes-Oxley-Act von 2002 verstanden. Zudem werden vergleichbare Gesetze in Japan analog unter dem Begriff J-SOX geführt.

[117]Als Unternehmen des öffentlichen Interesses werden nach Art. 2 Nr. 13 der Abschlussprüferrichtlinie börsenkotierte und Schuldverschreibungen ausgebende Gesellschaften,

können bspw. Tochterunternehmen, bestimmte Anlagegesellschaften und Kreditinstitute sowie nicht-börsenkotierte Unternehmen von dieser Pflicht entbunden werden.[118]

Als Aufgaben des Audit Committees werden in Art. 41 II und III mit Verweis auf Tab. 5 im Anhang die Überwachung des Rechnungslegungsprozesses, der Wirksamkeit des internen Kontroll- und Risikomanagementsystems und der internen Revision sowie die Überwachung der Unabhängigkeit und der Arbeit des Abschlussprüfers angesehen. Darüber hinaus hat der Ausschuss dem Verwaltungsrat eine Empfehlung zum Vorschlag des Abschlussprüfers zu unterbreiten und die Berichte der externen Revisionsstelle über wichtige bei der Prüfung erlangte Erkenntnisse entgegenzunehmen. Zudem muss die externe Revisionsstelle jährlich dem Audit Committee gegenüber seine Unabhängigkeit erklären, ihn über zusätzlich erbrachte Dienstleistungen unterrichten sowie auf mögliche Gefahren der Abhängigkeit hinweisen.[119] Die Wahrnehmung dieser Aufgaben kann aufgrund nationaler gesetzlicher Regelung auch durch den gesamten Verwaltungsrat unter bestimmten Voraussetzungen vollzogen werden.

Dem Audit Committee muss mindestens ein Mitglied angehören, welches unabhängig ist und zudem über qualifizierten Sachverstand in Rechnungslegung oder Abschlussprüfung verfügt. Die generelle Anzahl an Mitgliedern und das Berufungsprozedere stellt die Richtlinie in das Ermessen der zur Umsetzung beauftragten nationalen Gesetzgeber. Die Richtlinie definiert auch nicht, wie der Begriff der Unabhängigkeit ausgelegt werden soll. Unter dem Erwägungsgrund 24 wird auf die EU-Empfehlung 2005/162/EG der Europäischen Kommission verwiesen, welche wiederum im Anhang II neun Negativ-Kriterien zur Definition auflistet.[120]

Kreditinstitute, Versicherungen und andere Finanzdienstleistungsunternehmen. Zusätzlich können weitere Unternehmen als von öffentlichem Interesse klassifiziert werden, sofern sie eine hohe öffentliche Bedeutung besitzen, bspw. aufgrund der Art der Tätigkeit, ihrer Grösse oder der Anzahl an Beschäftigten. Vgl. ausführlich dazu Lanfermann und Maul (2006), S. 1505.

[118]Vgl. Abschlussprüferrichtlinie (2006), Art. 39 und Art. 41 VI.

[119]Vgl. Abschlussprüferrichtlinie (2006), Art. 22 III und Art. 42 I.

[120]Im Anhang II Tz. 1 der EU-Empfehlung 2005/162/EG der Europäischen Kommission heisst es, dass als nicht unabhängig insbesondere ein Mitglied zählt, welches innerhalb der letzten 5 Jahre Geschäftsführer der Gesellschaft oder einer verbundenen Gesellschaft oder Arbeitnehmer selbiger war oder ist, welches zusätzliche Vergütung von der Gesellschaft erhält oder mit ihr in einem laufenden oder vergangenen Geschäftsverhältnis steht, welches Anteilseigner mit Kontrollbeteiligung ist, welches Partner oder Angestellter früherer oder aktueller Abschlussprüfer ist oder welches enger Familienangehöriger eines geschäftsführenden Direktors oder Vorstandsmitglieds ist.

Insgesamt fällt auf, dass die Regelungen zur Unabhängigkeit und Fachwissen der Audit Committee-Mitglieder einen deutlich geringeren Detaillierungsgrad aufweisen als der SOA und so den Unternehmen mehr Auslegungsspielraum zugestanden wird. Dies erscheint vor den unterschiedlichen Rechtstraditionen (Case Law vs. Common Law bzw. Rules vs. Principles) plausibel. Nichtsdestotrotz steigt mit der Abschlussprüferrichtlinie die Bedeutung der Audit Committees weiter an und trägt zu einer Professionalisierung der Ausschusstätigkeit bei.[121]

2.4.2.8 Aktuelle Überarbeitungen verschiedener Corporate Governance-Regularien

Dem Wandel der Corporate Governance und den gestiegenen Anforderungen hinsichtlich Tätigkeiten und Mitgliederauswahl von Audit Committees folgend werden die bestehende Regelwerke zur Einrichtung und Ausgestaltung von Audit Committees (vornehmlich) von kapitalmarktorientierten Gesellschaften laufend angepasst und weiterentwickelt.[122] Kürzlich überarbeitete Regelwerke zur Best Practice von Corporate Governance und Audit Committees finden sich insbesondere in Grossbritannien mit der Überarbeitung des in „The UK Corporate Governance Code" umbenannten Combined Codes vom Juni 2010, in Deutschland mit dem BilMoG vom Mai 2009, der Neufassung des DCGK vom Mai 2010 und auf Ebene der Europäischen Kommission mit dem „Grünbuch Corporate Governance in Finanzinstituten und Vergütungspolitik" im Jahr 2010.

In Grossbritannien wurde Sir David Walker mit der Überarbeitung des bestehenden Corporate Governance-Regelwerks beauftragt. Ziel der Neuauflage des UK Corporate Governance Codes war, „to promote better board behaviour by refocusing attention on the code principles", insbesondere hinsichtlich der Führungs- und Kontrollstrukturen bei Banken und anderen Finanzdienstleistern.[123] Fokus lag insbesondere auf der Wiederwahlfrequenz von Verwaltungsratsmitgliedern, Diversität im Verwaltungsrat, externe Reviewmöglichkeiten der Boardeffektivität, der Verantwortlichkeit des Verwaltungsrates bezüglich des Umgangs mit Risiko und den Vorgaben des Kodex zur anreizkompatiblen Vergütung von Verwaltungs-

---

[121]Vgl. Lanfermann und Maul (2006), S. 1511; Nonnenmacher et al. (2007), S. 2417; Ruud und Hess (2007), S. 257.

[122]Im UK Corporate Governance Code (2010) heisst es dazu: „Its fitness for purpose in a permanently changing economic and social business environment requires its evaluation at appropriate intervals." UK Corporate Governance Code (2010), Ziff. 5.

[123]FRC (2010), Ziff. 4; UK Corporate Governance Code (2010), Preface, Ziff. 1.

ratsmitgliedern.[124] Hinsichtlich der Empfehlungen zu Audit Committees werden sieben Erweiterungen des FRC von 2006 und 2008 hervorgehoben:[125]

- Einrichtung eines Audit Committees mit mindestens drei unabhängigen, nicht-geschäftsführenden Mitgliedern, wobei ein Mitglied über aktuelle und relevante Erfahrung im Finanzwissen („Recent and Relevant Financial Experience") verfügen sollte.
- Die Hauptaufgaben und Verantwortlichkeiten sollten schriftlich festgehalten und genauer spezifizierte Mindestpunkte umfassen.
- Die Richtlinien der Audit Committee-Tätigkeit (Rollenverständnis, Befugnisse) sollten im Geschäftsbericht veröffentlicht werden.
- Das Audit Committee sollte notwendige Verfahren zur Aufdeckung von ungebührlichem Verhalten im Unternehmen installieren und überwachen.
- Das Audit Committee ist für die Überwachung und Überprüfung der Effektivität der internen Kontrollmechanismen zuständig.
- Das Audit Committee hat die primäre Verantwortung zu Beauftragung, Wiederbeauftragung und Demission der externen Revisionsstelle.
- Der Geschäftsbericht sollte Aktionären erklären, inwieweit Unabhängigkeit und Objektivität der externen Revisionsstelle sichergestellt werden.

Das Gesetz zur Modernisierung des Bilanzrechts (BilMoG) vom Mai 2009 kodifiziert Audit Committees erstmals konkret gesetzlich in Deutschland. So formuliert der Gesetzgeber in § 107 III Satz 2 AktG die Anregung an jeden Aufsichtsrat einer Aktiengesellschaft, ein Audit Committee einzurichten, welches sich mit dem vorgegebenen Aufgabenkatalog zu befassen hat. Bei kapitalmarktorientierten Kapitalgesellschaften nach § 264d HGB[126] muss mindestens ein Mitglied des Audit Committees die Voraussetzungen eines unabhängigen Finanzexperten erfüllen.[127] Diese Vorschriften für Audit Committees gelten analog für solche kapitalmarktorientierte Gesellschaften, deren Bestimmungen bisher ebenfalls auf das AktG verweisen. Dies bedeutet, dass zukünftig auch grosse GmbHs, Genossenschaften und Personenhandelsgesellschaften i.S.d. § 264a HGB sowie Kreditinstitute und Versicherungsinstitute in der Rechtsform einer Personengesellschaft, sofern sie eine

---

[124]Vgl. FRC (2010), Ziff. 9; UK Corporate Governance Code (2010), Sec. A-E.

[125]Vgl. UK Corporate Governance Code (2010), Sec. C3.1-C3.7.

[126]Zur Definition und Auslegung einer kapitalmarktorientierten Kapitalgesellschaft siehe Berndt und Offenhammer (2010b), § 264d HGB.

[127]Vgl. §§ 100 V und 107 IV AktG.

Kapitalmarktorientierung aufweisen, verpflichtet sind, ein Audit Committee oder einen entsprechend agierenden Aufsichtsrat einzurichten.

Als weiterer aktueller Beitrag zur Corporate Governance und zum Audit Committee in Deutschland wurde die Überarbeitung des DCGK im Mai 2010 vollzogen. Inhaltlicher Schwerpunkt war die Konkretisierung der bisherigen Diversitätsempfehlung für deutsche Aufsichtsräte, um eine Vielfalt in Aufsichtsräten durch Frauen und internationale Experten zu gewährleisten, sowie eine Stärkung der Aus- und Weiterbildung von Aufsichtsräten. Im Sinne einer weiteren Professionalisierung wird die gesetzliche Verpflichtung im Kodex hervorgehoben, wonach Mitglieder des Aufsichtsrats die für ihre Aufgaben erforderlichen Aus- und Fortbildungsmassnahmen eigenverantwortlich wahrzunehmen haben. Darüber hinaus wird empfohlen, dass die Unternehmen diese Aus- und Fortbildungsmassnahmen angemessen unterstützen.[128]

Weiterhin hat sich das Oberlandesgericht (OLG) München in seinem Beschluss vom 28. April 2010 mit der Auslegung der Vorgaben des DCGK zu Unabhängigkeit und Sachverstand auf den Gebieten Rechnungslegung oder Abschlussprüfung des Aufsichtsrates beschäftigt.[129] Im Kern legte das Gericht fest, dass ein sachverständiges Mitglied des Aufsichtsrates i.S.d. § 100 V AktG zwar fachlich in der Lage sein muss, etwaige vom Vorstand erhaltene Informationen kritisch zu hinterfragen, hierzu es aber nicht erforderlich ist, dass er seine Kenntnisse in Rechnungslegung oder Abschlussprüfung durch eine schwerpunktmässige Tätigkeit in diesen Bereichen erlangt haben muss. Um seiner Verpflichtung nachkommen zu können, muss der Aufsichtsrat zudem imstande sein, allfällige kritische Punkte auf Augenhöhe mit der externen Revisionsstelle und dem Chief Financial Officer (CFO) zu besprechen. Ausreichend hierfür ist eine verantwortliche Tätigkeit in den Bereichen der Rechnungslegung oder Abschlussprüfung vor Mandatsübernahme. Kenntnisse in einer nationalen Rechnungslegungsumgebung (z. B. HGB) sind auch dann als ausreichend anzusehen, wenn die Gesellschaft nach internationalen Rechnungslegungsstandards bilanziert und der Aufsichtsrat sich einarbeitet.

Schliesslich ergeben sich auch auf europäischer Ebene laufend Weiterentwicklungen zur Corporate Governance. Im Juni 2010 veröffentlichte die Europäische Kommission das „Grünbuch Corporate Governance in Finanzinstituten und Vergütungspolitik" und beabsichtigt dadurch die öffentliche Diskussion zu verschiede-

---

[128]Vgl. DCGK (2010), Ziff. 5.4.1; DCGK (2010), S. 2.

[129]Vgl. OLG München (2010), Beschluss 23 U 5517/09 vom 28. April 2010; O.V. (2010), S. 1281 f.

nen Themen einzuleiten.[130] Nach Auffassung der Europäischen Kommission zeigte sich in der Finanzkrise, dass bestehende Corporate Governance-Regelungen für Finanzinstitute entweder unzulänglich waren oder nicht korrekt angewandt wurden. Folglich sollen die Grundsätze der Corporate Governance für die Finanzbranche europaweit überarbeitet, konkretisiert und teilweise auch verschärft werden. So wird vorgeschlagen, einen Risikoausschuss einzurichten, der verbindlich mit einem oder mehreren Mitgliedern des Prüfungsausschusses zu besetzen ist. Auch spielt die Gewährleistung einer ausreichenden Befähigung der Verwaltungsratsmitglieder sowie die Vielfalt bei der Zusammensetzung des Verwaltungsrates zukünftig eine wichtigere Rolle.

2.4.3   Entwicklungen in der Schweiz

Für ein Schweizer Audit Committee sind insbesondere die nationalen Regelungen der Regulierungsinstanzen und der Rechtsprechung, die kodifizierten Anforderungen der Wirtschaft sowie die Kotierungsvorschriften der Börse massgeblich. Diese werden im Folgenden vorgestellt.

2.4.3.1   Schweizerisches Obligationenrecht

Der Verwaltungsrat stellt neben der Generalversammlung der Aktionäre nach Art. 698 OR und der Revisionsstelle nach Art. 728 OR das höchste Organ der Aktiengesellschaft dar, welches dispositiv die Geschäftsführung und Überwachung der Gesellschaft wahrnimmt. Der Verwaltungsrat, welcher aus einem oder mehreren Mitgliedern gebildet und von der Generalversammlung gewählt wird, hat seit der Aktienrechtsreform im Jahr 1991 gesetzlich festgelegte, unübertragbare und unentziehbare Aufgaben wahrzunehmen.

Nach 716a II OR kann der Verwaltungsrat die Vorbereitung und die Ausführung seiner Beschlüsse oder die Überwachung von Geschäften an Drittgremien (Ausschüsse) oder einzelne Mitglieder delegieren.[131] Er hat für eine angemessene Berichterstattung an seine Mitglieder zu sorgen. Der Verwaltungsrat bleibt dann primär für die normativ-strategische Ausrichtung, nicht jedoch für die operative Geschäftstätigkeit zuständig.[132]

---

[130]Vgl. EU-Kommission (2010), S. 2; Berndt und Offenhammer (2010a); KPMG (2010), S. 40 f.

[131]Vgl. auch Böckli (2009), § 13 N. 303.

[132]Vgl. Wunderer (1995), S. 10; Bauen und Venturi (2007), N. 418.

Statutarisch können neben den genannten Organen weitere Fakulativorgane geschaffen werden, welchen zusätzliche Aufgaben nach Massgabe eines Organisationsreglements zugeordnet werden dürfen. Der Verwaltungsrat orientiert Aktionäre und Gesellschaftsgläubiger, die ein schutzwürdiges Interesse glaubhaft machen, auf Anfrage hin schriftlich über die Organisation der Geschäftsführung (Art. 716b II OR).

Das Audit Committee wird nach h.M. als Ausschuss nach Art. 716a II OR bezeichnet, d. h. sein Aufgabenspektrum und Tätigkeitsbereich betrifft grösstenteils die unübertragbaren und unentziehbaren Aufgaben des Verwaltungsrats. Das Audit Committee ist auf eine vertiefende Analyse, auf eine Berichterstattung an den Gesamtverwaltungsrat zur Vorbereitung von Beschlüssen und auf die Wahrnehmung seiner Überwachungstätigkeiten beschränkt. Eigene Entscheidungsbefugnisse kommen ihm demnach nicht zu. Auch wird die Haftung von Verwaltungsratsmitgliedern, welche nicht dem Audit Committee angehören, somit nicht grundsätzlich reduziert.[133]

2.4.3.2 Swiss Code of Best Practice for Corporate Governance

Wie bereits in Kap. 2.2.3 angedeutet, bilden die Corporate Governance-Kodizes die zentralen nicht-gesetzlichen Sammlungen an Vorschriften und Empfehlungen, in der Schweiz also der Swiss Code of Best Practice for Corporate Governance.

Dieses unter der Leitung von Prof. Dr. Peter Böckli ausgearbeitete Selbstregulierungswerk der Schweizer Wirtschaft lehnt sich in weiten Teilen an die Leitlinien und Grundsätze der internationalen Kodizes an, berücksichtigt jedoch zusätzlich die rechtlichen Gegebenheiten und Verhältnisse in der Schweiz. Der Swiss Code enthält 30 Empfehlungen ohne Verbindlichkeitscharakter und richtet sich primär an SIX-kotierte Gesellschaften. Seit der Inkraftsetzung im März 2002 wurde der Kodex laufend den aktuellen Entwicklungen angepasst und letztmalig im Herbst 2007 vor dem Hintergrund der Diskussion um Entschädigungen und „goldene Fallschirme" von Verwaltungsratsmitgliedern überarbeitet.

Die direkten Anforderungen zur Einrichtung eines Audit Committees ergeben sich aus dem Swiss Code of Best Practice for Corporate Governance im zweiten Kapitel. In Ziff. 21 heisst es, dass der Verwaltungsrat Ausschüsse mit definierten Aufgaben bildet:[134]

- Aus der Mitte des Verwaltungsrats sollen Ausschüsse eingesetzt werden, welche bestimmte Sach- oder Personalbereiche vertieft analysieren und dem

---

[133]Vgl. Amstutz und Theurillat (2003), S. 6.

[134]Vgl. Economiesuisse (2007), Ziff. 21.

Gesamtverwaltungsrat zur Vorbereitung der eigenen Beschlüsse oder zur Wahrnehmung seiner gesamthaften Überwachungsfunktion Bericht erstatten.

- Dazu ernennt der Verwaltungsrat die Ausschussmitglieder sowie deren Vorsitzende und bestimmt das Verfahren der Ernennung. Im Übrigen sollen sinngemäss die Regeln des Verwaltungsrates auf die Ausschüsse angewandt werden.
- Auch kann die Funktion mehrerer Ausschüsse zusammen gefasst werden, sofern alle Ausschussmitglieder die entsprechenden Voraussetzungen erfüllen.
- Die Ausschüsse berichten regelmässig dem Verwaltungsrat über Tätigkeit und Ergebnisse. Die Gesamtverantwortung für die an Ausschüsse übertragenen Aufgaben bleibt – abhängig von der rechtlichen Ausgestaltung – in der Regel beim Verwaltungsrat.

Spezifisch wird die Einrichtung eines Audit Committees in Ziff. 23 gefordert. Der Verwaltungsrat setzt einen Prüfungsausschuss (Audit Committee) ein.[135]

- Der Ausschuss soll aus nicht-exekutiven, vorzugsweise unabhängigen Mitgliedern des Verwaltungsrates zusammengesetzt werden.
- Die Mehrheit, insbesondere der Vorsitzende, soll im Finanz- und Rechnungswesen erfahren sein.

Da der Swiss Code of Best Practice for Corporate Governance nicht auf einem entsprechenden Gesetz basiert, können die enthaltenen Empfehlungen nicht durch gesetzliche Sanktionen, sondern mittelbar durch Börsenkotierungsvorschriften sowie durch Basel II[136] durchgesetzt werden. Corporate Governance-Kodizes werden daher vielfach als „Soft Law"[137] oder, „Regulator der mittleren Ebene"[138] bezeichnet.

Der Swiss Code betont, dass die Vorschriften und Empfehlungen nicht immer zwingenderweise für alle Arten von Unternehmen, Industriezweigen oder Grössen gelten müssen und fordert die Berücksichtigung von besonderen Verhältnissen. In

---

[135]Vgl. Economiesuisse (2007), Ziff. 23.

[136]Insbesondere in der dritten Säule: Erweiterte Offenlegung/Marktdisziplin wird eine vermehrte Offenlegung von Informationen im Rahmen der externen Rechnungslegung gefordert. Vgl. Basler Ausschuss für Bankenaufsicht (2003); Basler Ausschuss für Bankenaufsicht (2006).

[137]Rechkemmer (2003), S. 8; Dörner und Orth (2005), S. 11; Graf und Stiglbauer (2007), S. 285.

[138]Claussen und Bröcker (2002), S. 1199; Graf und Stiglbauer (2007), S. 285.

Ziff. 28 heisst es:[139] Die Regeln des Swiss Code können, je nach Aktionärsstruktur und Grösse des Unternehmens, den konkreten Verhältnissen angepasst werden.

- Bei Gesellschaften mit aktiv engagierten Grossaktionären (z. B. Familienunternehmen oder kotierte Tochtergesellschaften eines Konzerns) sowie bei kleinen und mittleren Unternehmen können Anpassungen oder Vereinfachungen vorgesehen werden. Solche Gesellschaften verwirklichen anderweitig eine zweckmässige Gestaltung der Corporate Governance, hinsichtlich der Beurteilung der externen Revision, eines funktionsfähigen internen Kontrollsystems, der Entschädigung von Verwaltungsräten und Geschäftsleitung sowie der Nachfolgeregelung im Verwaltungsrat.
- Kleine und mittlere Unternehmen (KMU) können anstelle von separaten Ausschüssen Einzelne beauftragen oder die Aufgaben durch entsprechend durch den Gesamtverwaltungsrat wahrnehmen lassen.

2.4.3.3 Empfehlungsschreiben der Eidgenössischen Bankenkommission

Als treibende Kraft bei der Einrichtung eines Audit Committees in der Schweiz hat sich insbesondere der Berufsstand der Banker exponiert hervorgetan. So ist auch die heute in der Schweiz verbreitete Definition eines Audit Committees auf ein Empfehlungsschreiben der EBK zurückzuführen.[140]

Auch stellt das EBK-Rundschreiben 06/6 Überwachung und interne Kontrolle vom 27. September 2006 in den Randziffern 32–53 die Kriterien zur Einrichtung eines Audit Committees bei Banken auf. Die Institute müssen ein Audit Committee (Prüfungsausschuss) einrichten, wenn mindestens eines der im Folgenden aufgeführten Kriterien zutrifft:[141]

- Die Bilanzsumme ist grösser als 5 Mrd. CHF.
- Das Depotvolumen (Wertschriften- und Edelmetallbestände von Kunden, ohne Banken) ist grösser als 10 Mrd. CHF.
- Die erforderlichen Eigenmittel gemäss Eigenmittelverordnung (ERV) sind grösser als 200 Mio. CHF.
- Es besteht eine Kotierung (Beteiligungstitel).

---

[139]Vgl. Economiesuisse (2007), Ziff. 28.

[140]Vgl. Kap. 2.1; Eidgenössische Bankenkommission (2004), S. 1; Eidgenössische Bankenkommission (2006), S. 342.

[141]Vgl. Eidgenössische Bankenkommission (2006), S. 79.

Richtet ein Institut (Banken, Effektenhändler, Finanzgruppen nach Art. 3c I BankG und bank- oder effektenhandelsdominierte Finanzkonglomerate nach Art. 3c II BankG) trotz Zutreffen eines oder mehrerer Kriterien gemäss der genannten Randziffern kein Audit Committee ein, muss dies im Jahresbericht substanziell begründet werden. Auffällig ist auch, dass nicht ausschliesslich kotierte Bankinstitute bei Überschreiten bestimmter Schwellen von Bilanzgrössen oder Depotvolumina zur Einrichtung eines Audit Committees verpflichtet sind. Allerdings erscheint die Anzahl an nicht-kotierten Bankinstituten, welches die Schwellen zur Bilanzgrösse und Depotvolumina dennoch überschreiten, in der Realität limitiert. Allenfalls öffentlich-rechtliche oder genossenschaftlich organisierte Bankinstitute dürften hierfür überhaupt in Frage kommen.

2.4.3.4 SWX-Richtlinie zur Corporate Governance

In der Schweiz existiert neben dem Swiss Code ein weiteres Selbstregulierungswerk für Audit Committees, namentlich die „Richtlinie betreffend Informationen zur Corporate Governance" (RLCG) der Schweizer Börse SIX Swiss Exchange. Diese setzt den Comply or Explain-Grundsatz in der Schweiz durch, auch indem sie auf Bestimmungen im Swiss Code verweist.[142] Im Kotierungsreglement heisst es: „Für sämtliche Angaben zum Anhang gilt der Grundsatz ‚Comply or Explain': Sieht der Emittent von der Offenlegung bestimmter Informationen ab, so ist dies im Geschäftsbericht einzeln und substanziell zu begründen."[143]

Diese Anforderung wurde auf Betreiben der EBK eingeführt. „Der Begriff der substanziellen Begründung ist allerdings auslegungsbedürftig. Grundsätzlich hat der Emittent das Interesse der Öffentlichkeit in Bezug auf Bekanntgabe der entsprechenden Angaben mit dem Interesse des Emittenten auf Geheimhaltung abzuwägen. Die substanzielle Begründung hat derart zu sein, dass die Interessenabwägung nachvollziehbar ist. Um von der ‚Explain'-Klausel Gebrauch machen zu können, müssen die Interessen der Gesellschaft objektiv als höher zu gewichten sein. Der pauschale Hinweis, es handle sich bei der nicht offen gelegten Information um ein Geschäftsgeheimnis, erfüllt diese Anforderungen nicht."[144]

Anwendung findet die massgeblich von Prof. Dr. Hans-Caspar von der Crone verfasste Richtlinie auf alle Emittenten, deren Beteiligungsrechte (Eigenkapital in Form von Inhaber- und Namensaktien, Partizipations- und Genussscheine) an der SIX Swiss Exchange kotiert sind und deren Gesellschaftssitz in der Schweiz ist. Emittenten, deren Gesellschaftssitz nicht in der Schweiz ist, fallen ebenfalls in den

---

[142]Vgl. bspw. SWX (2007), Ziff. 5.1 N. 1; SWX (2007), Ziff. 9 N. 1.
[143]SWX (2006), Ziff. 7.
[144]SWX (2007), Ziff. 7 N. 2.

Anwendungsbereich der Richtlinie, sofern ihre Beteiligungsrechte an der SIX Swiss Exchange, nicht aber im Heimatstaat[145], kotiert sind.[146]

Grundlage der RLCG ist das Bundesgesetz über die Börsen und den Effektenhandel (BEHG)[147] und verfolgt das Ziel, den „Investoren bestimmte Schlüsselinformationen zur Corporate Governance in geeigneter Form zugänglich zu machen. Die Richtlinie enthält Bestimmungen u. a. bezüglich Anwendungsbereich, Grundsätzen der Klarheit und Wesentlichkeit sowie Ort der Publikation, während ihr Anhang die einzelnen, offen zu legenden Informationen aufführt."[148]

Bezüglich der Einrichtung eines Audit Committees finden sich die Erläuterungen in Ziff. 3.5 und Ziff. 3.5.1–3.5.3 der Richtlinie. Die kotierten Gesellschaften werden im Sinne einer transparenten internen Organisation aufgefordert, die Arbeitsweise des Verwaltungsrates mit Hilfe von Ausschüssen darzulegen.[149] Unter Ziffer 3.5 Interne Organisation ist die Aufgabenteilung im Verwaltungsrat zu beschreiben. Dazu sind die Führungs- und Kontrollstruktur des Unternehmens mit Präsident, Vizepräsident, Delegierten des Verwaltungsrates und falls vorhanden die weiteren Funktionen der einzelnen Verwaltungsratsmitglieder zu nennen. (Ziff. 3.5.1 N.1). Ziffer 3.5.2 Personelle Zusammensetzung sämtlicher Verwaltungsratsausschüsse, deren Aufgaben und Kompetenzabgrenzung stellt auf die strukturelle, personelle Ausgestaltung der Überwachungsfunktion ab und fordert eine Erläuterung der konkreten Funktion des jeweiligen Ausschusses, welcher mit den üblichen Bezeichnungen, z. B. Audit Committee, Compensation Committee, Nominating Committee etc. zu bezeichnen ist. Diese Angaben sollen pro Ausschuss separat vorgenommen werden und die tatsächlich gelebte Ordnung dargestellt werden

---

[145] Die SIX Swiss Exchange verwendet im Zusammenhang mit diesen Gesellschaften bewusst den Begriff des Heimatstaates, um verschiedenen international privatrechtlichen Anknüpfungstheorien (Sitztheorie, Inkorporationstheorie) Rechnung zu tragen. Auf Gesellschaften mit Sitz in der Schweiz und Kotierung von Beteiligungsrechten an der SIX Swiss Exchange findet die Richtlinie ungeachtet von allfälligen Kotierungen in anderen Staaten immer Anwendung. Gemäss Art. 626 Ziff. 1 OR bestimmen bei schweizerischen Aktiengesellschaften grundsätzlich die Statuten den Sitz der Gesellschaft. Vgl. SWX (2007), Ziff. 3 N. 1–3.

[146] Vgl. SWX (2006), Ziff 3. Ebenfalls nicht unter das Kotierungsreglement fallen damit auch Emittenten, welche ausschliesslich Forderungsrechte, z. B. Fremdkapital in Form von Anleihenobligationen oder derivative Finanzinstrumente, platziert haben.

[147] Die RLCG ist konform zum Bundesgesetz über die Börsen und den Effektenhandel (BEHG) und zum Kotierungsreglement auszulegen, insbesondere sind Transparenz und Gleichbehandlung der Anleger gemäss Art. 1 BEHG zu beachten. Seit Bestehen der RLCG wurden Gesellschaften wegen Verstössen gegen die entsprechenden Corporate Governance-Vorschriften sanktioniert. Vgl. SWX (2007), S. 2.

[148] SWX (2007), S. 2.

[149] Vgl. SWX (2006), Ziff. 3.5 ff.; SWX (2007), Ziff. 3.5.1 ff. N. 1 f.

(„Substance over Form"). (Ziff. 3.5.2 N.1). Für die wesentlichen Kompetenzen der Ausschüsse ist zu jeder Kompetenz anzugeben, ob das Gremium nur beratend respektive vorbereitend tätig ist, ob es eine eingeschränkte Kompetenz zum Entscheid unter Vorbehalt der Genehmigung durch den Gesamtverwaltungsrat hat oder ob dem Gremium eine eigene Beschlusskompetenz zukommt. (Ziff. 3.5.2 N.2)

Schliesslich sind unter der Ziffer 3.5.3 Arbeitsweise des Verwaltungsrates und seiner Ausschüsse insbesondere der Sitzungsrhythmus und die jeweils übliche Sitzungsdauer des Gesamtverwaltungsrates und seiner Ausschüsse offen zu legen. Zur besseren Einordnung dieser Kennzahlen sind auch die tatsächlich im Berichtsjahr abgehaltene Anzahl an Sitzungen anzugeben. Zudem soll das Zusammenwirken des Gesamtverwaltungsrates mit den Ausschüssen und die Kompetenzabgrenzung dargestellt werden. Abschliessend sind noch Angaben zum regelmässigen Beizug von Mitgliedern der Geschäftsleitung oder von externen Beratern zur Behandlung spezifischer Themen zu machen. (Ziff. 3.5.3 N.1)

Fazit 3

Der vorliegende Beitrag beschreibt die definitorischen und regulatorischen Grundlagen des Audit Committees als Ausschuss des Organs der Oberleitung, Aufsicht und Kontrolle einer Schweizer Aktiengesellschaft. Ausgehend von der weltweiten Konvergenz der Führungs- und Kontrollsysteme (One Tier vs. Two Tier) werden die Corporate Governance-Kodizes als massgebliche Treiber der Einrichtung und Ausgestaltung von Audit Committees identifiziert. In Ermangelung einer eigenen, abgegrenzten Corporate Governance-Theorie wird ersatzweise auf die Prinzipal-Agenten-Theorie sowie die Stewardship-Theorie zur Erklärung der aus der Trennung von Eigentum und Kontrolle eines Unternehmens entstehenden Probleme herangezogen.

Um die weltweite Verbreitung von Audit Committees nachvollziehen zu können, werden die wichtigsten Meilensteine zur Einrichtung von Audit Committees weltweit chronologisch vorgestellt. Diese Vorstellung basiert auf verschiedene Corporate Governance-Kodizes, welche auf Empfehlungen für die Einrichtung und Ausgestaltung von Audit Committees untersucht werden. Neben der historischen Einordnung können insbesondere aus den massgeblichen gesetzlichen und regulatorischen Quellen in der Schweiz (Obligationenrecht, Swiss Code of Best Practice for Corporate Governance, Rundschreiben der Eidgenössischen Bankenkommission (inzwischen FINMA) und die Richtlinie zur Corporate Governance der Schweizer Börse) die Anforderungen an die Einrichtung und Ausgestaltung eines Audit Committees im Rahmen einer effektiven Coporate Governance extrahiert werden.

C. Offenhammer, *Audit Committee Essentials*, essentials,
DOI 10.1007/978-3-658-04642-2_3, © Springer Fachmedien Wiesbaden 2014

Literatur

Altmeppen, H. (2004). Der Prüfungsausschuss – Arbeitsteilung im Aufsichtsrat. *Zeitschrift für Unternehmens- und Gesellschaftsrecht, 22*(3–4), 390–415.

Amstutz, T., & Theurillat, I. (2003). Die Verantwortung des Verwaltungsrats bei Bestellung von Ausschüssen. *KPMG Audit Committee Newsletter, 1/2003,* 6–7.

Argryis, C. (1964). *Integrating the individual and the organization.* New York.

Basler Ausschuss für Bankenaufsicht. (2003). Konsultationspapier – Überblick über die Neue Basler Eigenkapitalvereinbarung. http://www.bundesbank.de/download/ bankenaufsicht/pdf/Overview_Deutsch.pdf. Zugegriffen: 30. Nov 2010.

Basler Ausschuss für Bankenaufsicht. (2006). International convergence of capital measurement and capital standards – a revised framework. http://www.bis.org/ publ/bcbs128.pdf. Zugegriffen: 30. Nov 2010.

Bauen, M., & Venturi, S. (2007). *Der Verwaltungsrat.* Zürich.

Bauer, R., Günster, N., & Otten, R. (2004). Empirical evidence on corporate governance in Europe – the effect on stock returns, firm value and performance. *Journal of Asset Management, 5,* 91–104.

Berle, A. A. Jr., & Means, G. C. (1930). Corporations and the public investor. *The American economic review, 20*(1), 54–71.

Berle, A. A., Jr., & Means, G. C. (1932). *The modern corporation and private property.* New York.

Berndt, T. (2005). *Wahrheits- und Fairnesskonzeptionen in der Rechnungslegung.* Stuttgart.

Berndt, T., & Leibfried, P. (2007). Corporate governance and financial reporting. *Corporate Ownership & Control, 4*(4), 15–19.

Berndt, T., & Offenhammer, C. (2010a). Earnings management in the financial crisis 2007/2008, Working paper. http://aaahq.org/AM2010/abstract.cfm?submissionID =428. Zugegriffen: 12. März 2011.

Berndt, T., & Offenhammer, C. (2010b). Kommentierung des § 264d HGB Kapital- marktorientierte Kapitalgesellschaft. In G. Scherrer & C. P. Claussen (Hrsg.), *Kölner Kommentar zum Rechnungslegungsrecht* (S. 536–542). Köln.

C. Offenhammer, *Audit Committee Essentials,* essentials,
DOI 10.1007/978-3-658-04642-2, © Springer Fachmedien Wiesbaden 2014

Berndt, T., Offenhammer, C., & Luckhaupt, S. (2011a). Audit Committee und Abschlusprüfer: Inhalte, Entwicklungen und Grenzen der Zusammenarbeit. *Zeitschrift für Corporate Governance, 6*(3), 133–141.

Berndt, T., Offenhammer, C., & Räbsamen, S. (2011b). *Ein Blick in die Zukunft – Entwicklungen für Audit Committees in der Schweiz, Meinungspapier.* Zürich.

Bierstaker, J. L., Cohen, J. R., DeZoort, T., & Hermanson, D. R. (2009). The effects of audit committee compensation, fairness, and responsibility on the resolution of accounting disagreements, verfügbar unter SSRN: http://ssrn.com/abstract= 1462440.

Bischofberger, R. (2007). *Die Erfolgsfaktoren für Audit Committees von multinationalen, börsenkotierten Unternehmen mit Sitz in der Schweiz.* Dissertation, St. Gallen.

Blau, P. M. (1964). *Exchange and power in social life.* New York.

Böckli, P. (2000). Corporate Governance auf Schnellstrassen und Holzwegen – Folgerungen für die Schweizer Praxis aus den neuesten Texten – „Hampel", „London Stock Exchange Combined Code", „Turnbull" und „Blue Ribbon". *Der Schweizer Treuhänder, 74*(3), 133–152.

Böckli, P. (2003). Leitung eines „Audit Committee": Gratwanderung zwischen Übereifer und Unsorgfalt. *Der Schweizer Treuhänder, 77*(8), 559–572.

Böckli, P. (2005). *Audit Committee – Der Prüfungsausschuss des Verwaltungsrates auf Gratwanderung zwischen Übereifer und Unsorgfalt.* Zürich.

Böckli, P. (2009). *Schweizer Aktienrecht mit Fusionsgesetz, Internationalen Rechnungslegungsgrundsätzen IFRS, Börsengesellschaftsrecht, Konzernrecht und Corporate Governance* (4. Aufl.). Zürich.

Boone, A. L., Field, L. C., Karpoff, J. M., & Raheja, C. G. (2007). The determinants of corporate board size and composition: An empirical analysis. *Journal of Financial Economics, 85,* 66–101.

Bühler, P., & Schweizer, M. (2002). Was bedeutet der Sarbanes-Oxley Act für die Swiss Corporate Governance?. *Der Schweizer Treuhänder, 76*(11), 997–1002.

Bushman, R. M., & Smith, A. J. (2001). Financial accounting information and corporate governance. *Journal of Accounting and Economics, 32,* 237–333.

Calder, B. J., & Staw, B. M. (1975). The self-perception of intrinsic and extrinsic motivation. *Journal of Personality and Social Psychology, 31,* 599–605.

Carver, J. (2007). The promise of governance theory: Beyond codes and best practices. *Corporate Governance, 15*(6), 1030–1037.

Chizema, A., & Shinozawa, Y. (2011). The 'company with committees': Change or continuity in Japanese corporate governance?. *Journal of Management Studies.* doi:10.1111/j.1467-6486.2011.01008.x. 1–25.

Claussen, C. P., & Bröcker, N. (2002). Der Corporate Governance-Kodex aus der Perspektive der kleinen und mittleren Börsen-AG. *Der Betrieb, 55,* 1199–1206.

Committee on Capital Market Regulation. (2006). Interim report of the committee on capital market regulation, November 30 2006. http://www.capmktsreg.org/ pdfs/11.30Committee_Interim_ReportREV2.pdf. Zugegriffen: 6. Jan. 2011.

COSO. (1992). *Internal control – integrated framework.* Jersey.

COSO. (2006). Unternehmensweites Risikomanagement – Übergreifendes Rahmenwerk. http://www.coso.org/documents/COSO_ERM_ExecutiveSummary_German.pdf. Zugegriffen: 6. Jan. 2011.

Cromme, G. (19. Dezember 2001). Wer sich nicht an den Kodex hält, den straft der Kapitalmarkt. *Frankfurter Allgemeine Zeitung, 295,* 13.

von der Crone, H. C., & Roth, K. (2003). Der Sarbanes-Oxley Act und seine exterritoriale Bedeutung. *Aktuelle Juristische Praxis, 12*(2), 131–140.

Cruickshank, D. (2003). Exchange calls for Higgs' proposals to be translated into principles, not rules. http://www.londonstockexchange.com/about-the-exchange/media-relations/press-releases/2003/2003-exchangecallsforhiggsproposalstobetranslatedintoprinciplesnotrules.htm. Zugegriffen: 6. Jan. 2011.

Cullinan, C. P., Du, H., & Jiang, W. (2010). Is compensating audit committee members with stock options associated with the likelihood of internal control weaknesses? *International Journal of Auditing, 14*(3), 256–273.

Cyert, R. M., & March, J. G. (1963). *A behavioral theory of the firm.* New Jersey.

Davis, J. H., Schoorman, F. D., & Donaldson, L. (1997). Toward a stewardship theory of management. *Academy of Management Review, 22*(1), 20–47.

Deci, E. L. (1975). *Intrinsic motivation.* New York.

Dennery, M., Dequae, M. G., Garitte, J. P., De Meulder, R., Pierre, C., Rüdisser, M. F., Ruud, F., & Taylor, P. (2010). *Guidance on the 8th EU company law directive: guidance for boards and audit committees.* Brüssel.

Donaldson, L., & Davis, J. H. (1991). Stewardship theory or agency theory: CEO governance and shareholder returns. *Australian Journal of Management, 16*(1), 49–65.

Dörner, D., & Orth, C. (2005). Bedeutung der Corporate Governance für Unternehmen und Kapitalmärkte. In N. Pfitzer, P. Oser, & C. Orth (Hrsg.), *Deutscher Corporate Governance Kodex, Ein Handbuch für Entscheidungsträger* (2. Aufl., S. 3–22). Stuttgart.

Drucker, P. F. (1974). *Management: Tasks, responsibilities, practices.* New York.

Economiesuisse. (2007). *Swiss code of best practice for corporate governance.* Zürich: Deutsche Fassung.

Eidgenössische Bankenkommission. (2004). Rundschreiben EBK-RS 04/1 Aufsicht über die Grossbanken, Anhang: Glossar. http://www.ebk.admin.ch/d/regulier/rundsch/2004/rs_0401_01_d.pdf. Zugegriffen: 12. März 2011.

Eidgenössische Bankenkommission. (2006). Rundschreiben EBK-RS 06/6 Überwachung und interne Kontrolle. http://www.ebk.admin.ch/d/publik/rssammlung/rs_sa_08_d.pdf. Zugegriffen: 12. März 2011.

Fama, E. F., & Jensen, M. C. (1983). Separation of ownership and control. *Journal of Law and Economics, 26*(2), 301–325.

Fernandez-Rodriguez, E., Gomez-Anson, S., & Cuervo-Garcia, A. (2004). The stock market reaction to the introduction of best practices codes by Spanish firms. *Corporate governance: An International Review, 12,* 29–46.

Frey, B. S., & Osterloh, M. (2005). Yes, managers should be paid like bureaucrats. *Journal of Management Inquiry 14*, 6–111.

Friedman, M. (1970). The social responsibility of business is to increase its profits. *The New York Times Magazine.*

Graf, A., & Stiglbauer, M. (2007). Deutscher Corporate Governance Kodex: Eine Analyse der Qualitätssicherungs- und erweiterten Kommunikationsfunktion. *Zeitschrift für Planung & Unternehmenssteuerung, 18*(3), 279–300.

Griffith, K. (2004). Calpers Calls for heads roll at citigroup over allegations of poor corporate governance. http://www.independent.co.uk/news/business/news/calpers-calls-for-heads-to-roll-at-citigroup-over-allegations-of-poor-corporate-governance-6171142.html. Zugegriffen: 13. März 2011.

Grundei, J. (2008). Are managers agents or stewards of their principles? logic, critique and reconciliation of two conflicting theories of corporate governance. *Journal für Betriebswirtschaft, 58*(3), 141–166.

Hofstede, G. H. (1984). *Culture's consequences: International differences in work-related values.* Los Angeles.

Huwer, W. (2008). *Der Prüfungsausschuss des Aufsichtsrats – Aufgaben, Anforderungen und Arbeitsweise in der Aktiengesellschaft und im Aktienkonzern.* Berlin.

IIA. (2011). *The international professional practice framework.* Altamonte Springs.

Jackson, G., & Moerke, A. (2005). Continuity and change in corporate governance: Comparing Germany and Japan. *Corporate Governance: An International Review, 13*(3), 351–361.

Jenal, L. (2006). *Internal Control: Theoretisches und Empirisches zum ganzheitlichen Zusammenwirken der Control-Funktionen.* Dissertation, St. Gallen.

Jensen, M., & Meckling, W. (1976). Theory of the firm: Managerial behavior, agency costs and ownership structure. *Journal of Financial Economics, 3*(4), 305–360.

Khanchel, I. (2007). Corporate governance: Measurement and determinant analysis. *Managerial Auditing Journal, 22*(8), 740–760.

KPMG (2010). *Neue Pläne der EU zur Corporate Governance in Finanzinstituten.* http://audit-committee-institute.de/pdf/acq_2_2010_copyright_010710.pdf. Zugegriffen: 7. Jan. 2011.

Küpper, H.-U. (2005). *Controlling: Konzeptionen, Aufgaben und Instrumente* (4. Aufl.). Stuttgart.

La Porta, R., Lopez-de-Silanes, F., Shleifer, A., & Vishny, R. W. (1997). Legal determinants of external finance. *Journal of Finance, 52*, 1131–1164.

Lanfermann, G., & Maul, S. (2006). EU-Prüferrichtlinie: Neue Pflichtanforderungen für Audit Committees. *Der Betrieb, 59*, 1501–1511.

Lattemann, C. (2010). *Corporate governance in Frankreich.* http://www.uni-potsdam.de/db/jpcg/images/stories/sektion12.pdf. Zugegriffen: 27. Dez. 2010.

Lazarides, T., & Drimpetas, E. (2008). The missing link to an effective corporate governance system. *Corporate Governance, 8*(1), 73–82.

Mace, M. (1971). *Directors: Myth and reality.* Boston.

MacNeil, I., & Li, X. (2006). "Comply or explain": Market discipline and non-compliance with the combined code. *Corporate Governance: An International Review, 14*(5), 486–496.

Maitland, A. (2004). Bland attacks cost of US governance. *The Financial Times.*

Manifest. (2003). *Shake up of company boards likely.* http://www.manifest.co.uk/manifest-i/2003/0302Feb/ManifestHiggsReview.htm. Zugegriffen: 6. Jan. 2011.

Millet-Reyes, B., & Zhao, R. (2010). A comparison between one-tier and two-tier board structures in France. *Journal of International Financial Management & Accounting, 21*(3), 279–310.

Mintz, S. M. (2005). Corporate governance in an international context: Legal systems, financing patterns and cultural Variables. *Corporate Governance, 13*(5), 582–597.

Muth, M. M., & Donaldson, L. (1998). Stewardship theory and board structure: A contingency approach. *Corporate Governance, 6*(1), 5–28.

Nash, J. F. Jr. (1950). *Non-cooperative games.* Dissertation, Princeton.

Nonnenmacher, R., Pohle, K., & v. Werder, A. (2007). Aktuelle Anforderungen an Prüfungsausschüsse, Leitfaden für Prüfungsausschüsse (Audit Committees) unter Berücksichtigung der 8. EU-Richtlinie. *Der Betrieb, 60,* 2412–2417.

NYSE. (2002). *New York stock exchange corporate accountability and listing standards committee.* New York.

NYSE. (2004). *NYSE's listed company manual, Sec. 303A, corporate governance rules as of november 3 2004.* http://www.nyse.com/pdfs/section303A_final_rules.pdf. Zugegriffen: 6. Jan. 2011.

Offenhammer, C. (2011). Audit Committees in der Schweiz und in Europa – Zusammenwirken mit interner und externer Revision im Rahmen der unternehmerischen Überwachung. In A.-C. Tanner, C. Siebeneck, & B. Brändli (Hrsg.), *Schweiz und Europa – Auswirkungen auf Wirtschaft* (S. 429–456). Bern

O. V. (2010). Anforderungen an Sachverstand eines Aufsichtsratsmitglieds auf den Gebieten Rechnungslegung oder Abschlussprüfung. *Der Betrieb, 64*(23), 1281–1282.

Pfaff, D., & Peters, G. (2011). Mindestanforderungen des Managements an das operative Controlling. In H. Mattle & D. Pfaff (Hrsg.), *Rechnungswesen, Rechnungslegung und Controlling in der Schweiz – Mindestanforderungen aus betriebswirtschaftlicher, rechtlicher und steuerlicher Sicht* (S. 45–72). Zürich.

Pfaff, D., & Ruud, F. (2011). *Schweizer Leitfaden zum Internen Kontrollsystem (IKS)* (5. Aufl.). Zürich.

Rechkemmer, K. (2003). *Corporate governance.* München.

Rüdisser, M. F., & Mauer, S. (2011). Bedeutung der Unabhängigkeit für interne Revision und Audit Committee – Konsequenzen für eine verbesserte Zusammenarbeit in Deutschland und der Schweiz. *Der Schweizer Treuhänder, 85*(9), 716–721.

Ruud, F., Friebe, P., & Schmitz, D. (2009). Internationales Rahmenwerk der beruflichen Praxis des internen Audits – Überblick über die überarbeiteten Bestimmungen des Institute of Internal Auditors. *Der Schweizer Treuhänder, 83*(9), 647–652.

Ruud, F., Friebe, P., Markiewicz, W., & Stauß, U. (2010). Forensische Sonderuntersuchungen – Überlegungen zu einer Beteiligung der internen Revision. *Der Schweizer Treuhänder, 84*(9), 574–580.

Ruud, F., Eggenberg, S., & Friebe, P. (2011a). Aktueller Stand und Entwicklungen des internen Audits – Ergebnisse einer umfassenden Umfrage zur Praxis. *Der Schweizer Treuhänder, 85*(9), 709–715.

Ruud, F., & Hess, N. (2007). Internationale Entwicklungen in der Wirtschaftsprüfung – Konsequenzen für die Schweiz. *Zeitschrift für internationale Rechnungslegung, 2*(4), 255–263.

Ruud, F., Isufi, S., & Friebe, P. (2008). Pflicht zur Prüfung der Existenz des Internen Kontrollsystems – Bestandesaufnahme zur Steuerung und Kontrolle mittelgrosser Unternehmen in der Schweiz. *Der Schweizer Treuhänder, 82*(11), 938–942.

Ruud, F., Isufi, S., & Rüdisser, M. (2011b). Mindestanforderungen an die Interne Steuerung und Kontrolle. In H. Mattle & D. Pfaff (Hrsg.), *Rechnungswesen, Rechnungslegung und Controlling in der Schweiz – Mindestanforderungen aus betriebswirtschaftlicher, rechtlicher und steuerlicher Sicht* (S. 171–190). Zürich.

Ruud, F., & Rüdisser, M. F. (2008). Wie Unternehmen ausser Kontrolle geraten können – Führung als Suche nach dem Gleichgewicht in der unternehmerischen Steuerung und Kontrolle. *Neue Zürcher Zeitung.*

Scheffler, E. (2003). Aufgaben und Zusammensetzung von Prüfungsausschüssen (Audit Committees). *Zeitschrift für Unternehmens- und Gesellschaftsrecht, 32*(2), 236–263.

Shleifer, A., & Vishny, R. W. (1997). A survey of corporate governance. *Journal of Finance, 52*(2), 737–783.

Sloan, R. G. (2001). Financial accounting and corporate governance: A discussion. *Journal of Accounting and Economics, 32,* 335–347.

Sommer, K. (2010). *Risikoorientiertes Zusammenwirken der Internal Control, des Risikomanagements, des internen Audits und der Externen Revision – Theoretische Analyse, konzeptionelle Ansätze und praktische Gestaltung.* Dissertation, St. Gallen.

SVIR (2011). *Schweizerischer Verband für Interne Revision, The International Professional Practice Framework.* Altamonte Springs.

SWX (2006). Richtlinie betr. Informationen zur Corporate Governance (RLCG). http://www.six-exchange-regulation.com/download/regulation/archive/issuers/until _2009_06_30/swx_guideline_20070101-1_de.pdf. Zugegriffen: 13. März 2011.

SWX (2007). Kommentar zur Corporate Governance-Richtlinie. http://www.six-exchange-regulation.com/download/admission/regulation/guidelines/swx_guideline _20070820-1_comm_de.pdf. Zugegriffen: 12. März 2011.

Tirole, J. (1986). Hierarchies and bureaucracies – on the role of collusion in organizations. *Journal of Law and Economic Organisation, 2,* 181–214.

Tucker, A. (1950). *A two-person dilemma.* Stanford.

Velte, P. (2009). Die Implementierung von Prüfungsausschüssen/Audit Committees des Aufsichtsrats/Board of Directors mit unabhängigen und finanzkompetenten Mitgliedern – Eine normative Analyse aus Sicht des One- und Two Tier-Systems sowie eine Bestandsaufnahme der empirischen Corporate Governance-Forschung. *Journal für Betriebswirtschaft, 59,* 123–174.

Walsh, J. P., & Seward, J. K. (1990). On the efficiency of internal and external corporate control mechanisms. *Journal of Management Review, 15,* 421–458.

Wang, E., & Chen, J. (2004). The influence of governance equilibrium on ERP project success. *Decision Support Systems, 41*(4), 708–727.

Watts, R. L., & Zimmerman, J. L. (1978). Towards a positive theory of the determination of accounting standards. *Accounting Review, 53,* 112–134.

Wild, J. J. (1996). The audit committee and earnings quality. *Journal of Accounting, Auditing and Finance, 11,* 247–276.

Witt, P. (2006). *Corporate Governance-Systeme im Wettbewerb.* Wiesbaden.

Wolf, J. (2005). *Organisation, Management, Unternehmensführung: Theorien und Kritik* (2. Aufl.). Wiesbaden.

Wunderer, F. (1995). *Der Verwaltungsrats-Präsident.* Zürich.

Zattoni, A., & Cuomo, F. (2008). Why adopt codes of good governance? A comparison of institutional and efficiency perspectives. *Corporate Governance, 16*(1), 1–15.

Zattoni, A., & Cuomo, F. (2010). How independent, competent and incentivized should non-executive directors be? an empirical investigation of good governance codes. *British Journal of Management, 21,* 63–79.

Corporate Governance-Reports

Blue Ribbon-Report. (1999). *Report and recommendations of the Blue Ribbon Committee on improving the effectiveness of corporate audit committees.* New York.

Cadbury-Report. (1992). *Report of the committee on the financial aspects of corporate governance.* London.

Combined Code. (2000). *The combined code principles of good governance and code of best practice.* London.

DCGK. (2006). Deutscher Corporate Governance Kodex in der Fassung vom 12. Juni 2006. http://www.corporate-governance-code.de/ger/download/D_CorGov_Endfassung_Juni_2006.pdf. Zugegriffen: 5. Jan. 2011.

DCGK. (2010). Pressemitteilung: Regierungskommission konkretisiert Empfehlung für mehr Frauen in Aufsichtsräten. http://www.corporate-governance-code.de/ger/download/PM_Plenarsitzung_20100526.pdf. Zugegriffen: 7. Jan. 2011.

Financial Reporting Council. (2003). *The Combined Code on Corporate Governance.* Surrey.

Financial Reporting Council. (2010). Review of the combined code. http://www.frc.org.uk/corporate/reviewCombined.cfm. Zugegriffen: 12. März 2011.

Greenbury-Recommendations. (1995). *Code of Best Practice.* London.

Hampel-Report. (1998). *Committee on Corporate Governance – Final Report.* London.

Higgs-Report. (2003). *Review of the Role and Effectiveness of Non-Executive Directors.* London.

ÖCGK. (2010). Österreichischer Corporate Governance Kodex, Fassung Januar 2010. http://www.wienerboerse.at/corporate/pdf/CG%20Kodex%20deutsch_Jan_2010_v4. pdf. Zugegriffen: 5. Jan. 2011.

Smith-Report. (2003). *Audit committees: Combined code guidance – a report and proposed guidance by an FRC-Appointed group chaired by Sir Robert Smith*. London.

Treadway-Report. (1987). *National Commission on Fraudulent Financial Reporting*. New York.

UK Corporate Governance Code. (2010). The UK Corporate Governance Code, Juni 2010. http://www.frc.org.uk/documents/pagemanager/Corporate_Governance/ UK%20Corp%20Gov%20Code%20June%202010.pdf. Zugegriffen: 7. Jan. 2011.

Verzeichnis der Gesetze, Verordnungen und Verwaltungsanweisungen

Abschlussprüferrichtlinie. (2006). EU-Richtlinie 2006/43/EG des Europäischen Parlaments und des Rates vom 17. Mai 2006 über Abschlussprüfungen von Jahresabschlüssen und konsolidierten Abschlüssen, zur Änderung der Richtlinien 78/660/EWG und 83/349/EWG des Rates und zur Aufhebung der Richtlinie 84/253/EWG des Rates, in: Amtsblatt der Europäischen Union L 157/87.

AktG. (2007). Aktiengesetz vom 6. September 1965, zuletzt geändert durch Artikel 6 des Gesetzes vom 9. Dezember 2010 (BGBl. I S. 1089), in: BGBl. I S. 1900.

ARUG. (2009). Gesetz zur Umsetzung der Aktionärsrechterichtlinie vom 30. Juli 2009 (BGBl. I S. 2479), in: BGBl. I 2010, Nr. 68, S. 2299–2338.

BankV. (1972). Verordnung vom 17. Mai 1972 über die Banken und Sparkassen, in: AS 1972 821.

BEHG. (1997). Bundesgesetz vom 24. März 1995 über die Börsen und den Effektenhandel, in: AS 1997 68.

BilReg. (2004). Gesetz zur Einführung internationaler Rechnungslegungsstandards und zur Sicherung der Qualität der Abschlussprüfung vom 4. Dezember 2004 (BGBl. III S. 2198), in: BGBl. III S. 3166.

BilMoG. (2009). Gesetz zur Modernisierung des Bilanzrechts vom 28. Mai 2009 (BGBl. I S. 1102), in: BGBl. I 2010, Nr. 68, S. 2299–2338.

Botschaft über die Revision des Aktienrechts. (1983). Botschaft des Bundesrates vom 23. Februar 1983 über die Revision des Aktienrechts (mit Entwurf 1983), BBI 19983 II S. 745–997.

ERV. (2006). Verordnung über die Eigenmittel und Risikoverteilung für Banken und Effektenhändler vom 29. September 2006. AS 2006 4307.

EU-Empfehlung 2005/162/EG. (2005). Empfehlung der Kommission vom 15. Februar 2005 zu den Aufgaben von nicht geschäftsführenden Direktoren/ Aufsichtsratsmitgliedern börsennotierter Gesellschaften sowie zu den Ausschüssen des Verwaltungs-/Aufsichtsrats, in: Amtsblatt der Europäischen Union L 52/51.

EU-Kommission. (2001). Verordnung 2157/2001/EG des Rates vom 8.10.2001 über das Statut der Europäischen Gesellschaft (SE), in: ABlEG L 294 vom 10.11.2001, S. 1–21.

EU-Kommission. (2010). Grünbuch zu Corporate Governance in Finanzinstituten und Vergütungspolitik. http://ec.europa.eu/internal_market/company/docs/modern/com2010_284_de.pdf. Zugegriffen: 7. Jan. 2011.

FCPA. (1977). Foreign Corrupt Practices Act vom 19. Dezember 1977, Public Law 95-213, 95th Congress.

HRegV. (2007). Handelsregisterverordnung vom 17. Oktober 2007. AS 2007 4851.

IFAC. (2009). *Handbook of International Standards on Auditing and Quality Control, Ausgabe 2009.* New York.

KonTraG. (1998). Gesetz zur Kontrolle und Transparenz im Unternehmensbereich vom 5. März 1998, zuletzt geändert durch Artikel 1 des Aktiengesetzes vom 25. März 1998 (BGBl. I S. 590). BGBl. I S. 786–794.

MitbestG. (2009). Gesetz über die Mitbestimmung der Arbeitnehmer vom 4. Mai 1976, zuletzt geändert durch Artikel 9 des Gesetzes vom 30. Juli 2009 (BGBl. I S. 1153). BGBl. I S. 2479.

OR. (2011). Bundesgesetz vom 30. März 1911 betreffend die Ergänzung des Schweizerischen Zivilgesetzbuches (Fünfter Teil: Obligationenrecht). AS 27 317.

PCAOB. (2007). Auditing Standard No. 5– An audit of internal control over financial reporting that is integrated with an audit of financial statements, PCAOB Release No. 2007-005A. vom 12. Juni 2007.

PublG. (2009). Gesetz über die Rechnungslegung von bestimmten Unternehmen und Konzernen, Publizitätsgesetz vom 15. August 1969 (BGBl. I S. 1189), zuletzt geändert durch Artikel 4 des Gesetzes vom 25. Mai 2009, in: BGBl. I S. 1102.

RRV-EBK. (2004). Richtlinien der Eidgenössischen Bankenkommission zu den Rechnungslegungsvorschriften der Art. 23 bis 27 BankV vom 14. Dz. 1994, zuletzt geändert am 25. März 2004.

SOA. (2002). Sarbanes-Oxley-Act vom 30. Juli 2002, Public Law 107-204, 107th Congress.

StGb. (1937). Schweizerisches Strafgesetzbuch vom 21. Dez. 1937, SR 311.

TransPuG. (2002). Gesetz zur weiteren Reform des Aktien- und Bilanzrechts, zu Transparenz und Publizität vom 26. Juli 2002, in: BGBl. I, S. 2681.

UMAG. (2005). Gesetz zur Unternehmensintegrität und Modernisierung des Anfechtungsrechts vom 22. September 2005 (BGBl. I S. 3408), in: BGBl. I S. 2802.

VorstAG. (2009). Gesetz zur Angemessenheit der Vorstandsvergütung vom 31. Juli 2009 (BGBl. I S. 2509), in: BGBl. I 2010, Nr. 68, S. 2299–2338.

VorstOG. (2005). Gesetz über die Offenlegung der Vorstandsvergütungen vom 3. August 2005 (BGBl. III S. 3408), in: BGBl. III S. 2267.

Gerichtsentscheide

Oberlandesgericht München 23 U 5517/09 (2010). Beschluss vom 28. April 2010 zu den Anforderungen an Sachverstand eines Aufsichtsratsmitglieds auf den Gebieten Rechnungslegung oder Abschlussprüfung.